これでわかった！
捜査手続法の基礎

〜実務も試験もこの１冊〜

安冨　潔　著

東京法令出版

はじめに

本書は、第一線の警察官が捜査に必要な基礎知識を身に付けてもらえるようにと執筆したものです。

我が国では、司法制度改革により裁判員の参加する刑事裁判が導入されました。裁判員裁判は、国民に分かりやすい裁判を実現することを目指して、裁判官と国民から選ばれた裁判員が、それぞれの知識経験を生かしつつ一緒に裁判に関わることとしています。

他方、捜査機関の信頼性を大きく揺るがす事案が発生したことから、21世紀にふさわしい新たな刑事司法制度を構築するために、取調べ及び供述調書に過度に依存した捜査・公判の在り方の見直しが図られ、刑事訴訟法などの改正がなされました。

このような社会情勢の変化や法整備を踏まえて、捜査手続に関するハンドブックとして利用していただけるように、できるだけ分かりやすくポイントやコラムなどを入れて工夫してみました。

安全・安心な社会を維持するために活躍されている警察官の皆さんのお役に立てれば幸いです。

令和３年３月

安　冨　　潔

本書の特徴と効果的な使い方

本書は、一見すると、“あっさりとした参考書” と思われるかもしれません。しかし、

① 警察署地域課等の第一線の警察官が急訴事案で対応する、職務質問、所持品検査、任意同行、現行犯逮捕等の重要テーマ、昇任試験対策で押さえておくべき用語の定義や法律要件を、図表を交えて分かりやすく、かつ、どこからでも読み進められるように簡潔に説明すること

② 刑事課・生活安全課等の専務係員として、実務上知っておくべき留意事項は踏み込んで解説すること

③ 司法警察員の係長以上の警察官や警部試験受験者など、幹部を目指す職員の方にも有益かつ発展的な内容も盛り込むこと

と、3クラスを想定し、学習スタート時の読者の皆様の状況に応じて使い方を工夫できるよう、レイアウトにも工夫を凝らしています。

また、職務執行や昇任試験で出てくる事柄は、「刑事訴訟法」の枠にとどまらず、警察官職務執行法や犯罪捜査規範の内容も適宜取り入れています。

以下、本書の各コーナーの役割、効果的な使い方を紹介していきます。

重要条文を掲載

待機時間や移動中にも本書１冊で学習できるよう、各テーマの重要条文を冒頭に掲げています。また、犯罪捜査規範、刑事訴訟規則、憲法などの関連条文を *cf.*（参照）として掲げています。丸暗記する必要はありませんが、出てくるたびに条文に触れるよう心がけてください。

本文の基本構造

本文の基本構造は、「要件のまとめ→定義→その説明」の流れとなっています。

第７章　緊急逮捕

■刑訴法

〔緊急逮捕〕

第210条　検察官、検察事務官又は司法警察職員は、死刑又は無期若しくは長期３年以上の懲役若しくは禁錮にあたる罪を犯したことを疑うに足りる充分な理由がある場合で、急速を要し、裁判官の逮捕状を求めることができないときは、その理由を告げて被疑者を逮捕することができる。この場合には、直ちに裁判官の逮捕状を求める手続をしなければならない。逮捕状が発せられないときは、直ちに被疑者を釈放しなければならない。

② 第200条の規定は、前項の逮捕状についてこれを準用する。

cf. 憲法33条〔逮捕に対する保障〕

犯捜規120条〔緊急逮捕状の請求〕、122条〔逮捕状請求の疎明資料〕

要　件

① 司法警察職員

緊急逮捕の実体要件

② 死刑又は無期若しくは長期３年以上の懲役若しくは禁錮に当たる罪

③ 罪を犯したことを疑うに足りる充分な理由

④ 急速を要し、裁判官の逮捕状を求めることができないとき

緊急逮捕後の手続要件

⑤ 理由を告げて被疑者を逮捕すること

⑥ 逮捕後、直ちに裁判官の逮捕状を求める手続をすること

1　緊急逮捕の意義

緊急逮捕は、一定の重大犯罪に当たる罪を犯したことを疑うに足りる充分な理由がある場合で、急速を要し、裁判官の逮捕状の発付を待っていたのでは、その目的を達し得ないときに、逮捕の理由を被疑者に告げて身柄を拘束する逮捕手続

◘主要判例———引致が違法とされた事例
大阪地決昭58.6.28判タ512-199
　司法巡査による通常逮捕後、司法警察員への引致まで約11時間15分を要した引致の遅延と、司法警察員による犯罪事実及び弁護人選任権の告知並びに弁護の機会の付与の遅延にやむを得ない事情がなく、逮捕手続に重大な違法があるとして、勾留請求を却下した。

(2)　司法警察員による逮捕と司法巡査から被疑者を受け取った場合
　司法警察員は、被疑者を自ら逮捕したとき、又は司法巡査から逮捕された被疑者を受け取ったときは、直ちにその者について、①犯罪事実の要旨を告げ、②弁護人選任権を告げた上、③弁解の機会を与え、その結果を弁解録取書に記載しなければならない（刑訴法203条１項、犯捜規130条１項）。

【逮捕後の手続の流れ】

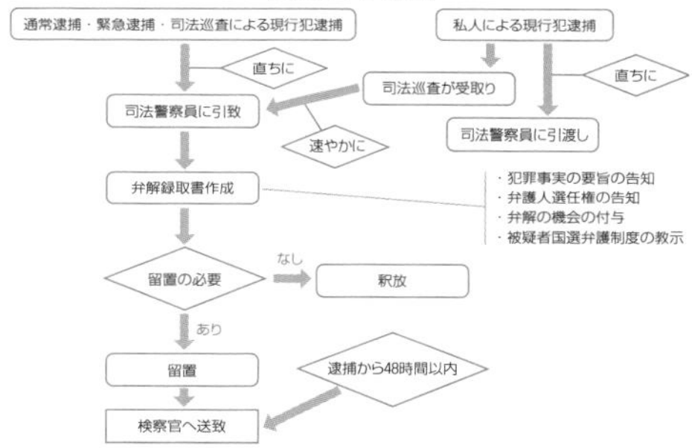

手続の流れや要件を図表や箇条書きで整理しました。まずはこの部分を読んでから、メリハリを付けて本文を読みましょう。本文を読んだ後、再度図表を読み返すことで、より記憶が定着します。

3　「逮捕の現場」の範囲

定義「逮捕の現場」とは、逮捕場所と同一の管理権の及ぶ範囲をいう。
☞「逮捕の現場」は、逮捕場所との同一性を意味するが、被疑者を逮捕した場所でありさえすれば、常に逮捕に伴う捜索等が許されるわけではない。
(根拠) 捜索・差押えは、管理権の制約を本質とするから、令状による捜索・差押えについて、管理権の数を基準とし、管理権が異なる場所については別個の令状が必要と解されるので、逮捕に伴う捜索・差押えの場合においても同様に解すべきである。

◘主要判例———逮捕の現場での捜索・差押えと同視できるとした事例
最決平8.1.29刑集50-1-1
　逮捕した被疑者の身体又は所持品の捜索・差押えについては、逮捕現場付近の状況に照らし、被疑者の名誉等を害し、被疑者らの抵抗による混乱を生じ、又は現場付近の交通を妨げるおそれがあるなどの事情のため、その場で直ちに捜索・差押えを実施することが適当でないときは、速やかに被疑者を捜索・差押えの実施に適する最寄りの場所まで連行した上でこれらの処分を実施することも、「逮捕の現場」における捜索・差押えと同視することができる。

———「逮捕の現場」に当たるとした事例
大阪高判昭50.7.15刑裁月報7-7=8-772
【事案】 公道上で逮捕した場合に、被逮捕者を約120メートル離れた派出所に連行し、着衣の下に携行していた鉄棒等を押収したもの。
【判旨】 道路上での身体捜索が著しく不便であること、逮捕地点でこの鉄棒等を現認して既に押収に着手していること、逮捕地点と派出所との間における時間的接着、場所的近接等からみて、逮捕の現場でなされた捜索・押収に当たる。

東京高判昭53.11.15高刑集31-3-265
【事案】 現行犯逮捕の現場が群衆に取り囲まれていて、その場所で被逮捕者の着衣や所持品等を捜索・押収することが、混乱を防止し、被逮捕者の名誉を保護する上で

定義 では、条文中、「定義」や「要件」を覚えておくべきものをピックアップしています。
☞は、その「定義」や「要件」について具体例を挙げながら説明しています。ここで出てくる事例は、現場の擬律判断や昇任試験（SA）の正誤判断にも頻出のものばかりです。
(根拠)では、憲法や警察法などの制度趣旨にさかのぼって解説しています。

(根拠) 緊急逮捕は、逮捕時においていまだ司法審査がなされていない逮捕であることから、厳格に解すべきとされているためである。

☞ 即刻といっても、時間的な幅は認めざるを得ない。

事件の複雑性、被疑者の数、逮捕場所と引致した警察署との距離、その警察署と裁判所との距離、交通事情等を総合的に考慮して判断されよう（京都地判昭45.10.2判時634-103）。

☞ 緊急逮捕状の請求は、司法巡査もできるが、原則として、指定司法警察員又は当該逮捕に当たった警察官がする。しかし、指定司法警察員がいないときは、他の司法警察員たる警察官が請求しても差し支えない（犯捜規120条１項）。

☞ 緊急逮捕状を請求するときは、被疑者が罪を犯したことを疑うに足りる十分な理由があったこと、逮捕の必要があったこと及び急速を要し逮捕状を求めることができない理由があったことを疎明する逮捕手続書、被害届その他の資料を添えて行わなければならない（犯捜規122条２項）。

☞ 疎明資料として、逮捕時の要件を直接疎明するものではないが、留置の必要性を判断する上の資料として、弁解録取書や供述調書等を裁判官に差し出すことがあり得る。

また、書面に限らず、遺留品などの物的証拠も疎明資料であるし、口頭による疎明もあり得る。

POINT　遠隔地の他署管内で緊急逮捕した場合の逮捕状の請求先

遠隔地の他署管内で緊急逮捕した場合の逮捕状の請求先は、事件を捜査中の署を管轄する下級裁判所（地方裁判所又は簡易裁判所）の裁判官に対してするのが妥当であるが、「やむを得ない事情」があるときは、例外的に最寄りの下級裁判所の裁判官に対してすることもできる（刑訴規則299条１項）。

◘主要判例――違法とした事例

最決昭50.6.12判時779-124

【事案】 被告人が、正午頃か遅くとも同日午後１時30分頃に実質的に逮捕されたのにもかかわらず、同日午後10時頃になって初めて緊急逮捕状の請求があり、同日中に逮捕状の発付を得たというもの。

【判旨】 当日が休日であったこと、最寄りの簡易裁判所までが片道２時間を要する距離であったことを考慮に入れても、本件緊急逮捕の適法性を認めることはできない。

大阪高判昭50.11.19判時813-102

午後１時20分頃、非現住建造物放火の疑いで緊急逮捕し適法に弁解録取の手続をし

POINT

POINT は、地域課や初任補修科などの方向けの基礎的な視点を取り上げています。

主要判例

・本書は、条文に匹敵するほどの意義を持つ最高裁の「判例」だけでなく、事案に即して捜査の適法性を検討した地裁・高裁の「裁判例」を多数登載しています。

・判文をそのまま抜粋するのではなく、理解しやすい要約となるよう、事案と判旨を分けて載せる等の工夫をしました。

・まずは“幹”となる最高裁の考え方を中心に理解し、復習の際に少しずつ裁判例を読み進めていってください。

事項索引・判例索引

知りたいことを横断的に検索できる事項索引も充実。

事項索引

本書の特徴と効果的な使い方

たが、その後、火災現場の実況見分、取調べを行った上、午後8時に逮捕状請求がなされた場合、逮捕は違法である。

―――適法とした事例
広島高判昭58.2.1判時1093-151
　内ゲバ事件での傷害による緊急逮捕後、被疑者はもとより被害者も警察に協力しないため、裁判所に提出する疎明資料の収集整理に時間を要した結果、6時間後に令状請求した手続は適法である。

POINT　緊急逮捕後の事情変更

　緊急逮捕で、逮捕後に緊急逮捕状を直ちに請求しなければならないのは、緊急逮捕の要件の有無について事後の司法審査を経ること、及び身柄拘束の必要性の有無についての審査という意味がある。
　したがって、
❶　逮捕後罪名が変わったときも、逮捕時の罪名で逮捕状を請求すべきであり、
❷　逮捕状の発付が遅れるときは被疑者を釈放すべきであり、
❸　逮捕後に弁解録取等で留置の必要がないとして釈放してもなお、緊急逮捕状を請求しなければならない（犯捜規120条3項）。

想定問答　緊急逮捕後に被疑罪名が変更した場合の逮捕状請求書及び逮捕状の記載

Q　殺人未遂事件で被疑者を緊急逮捕したが、逮捕状請求時までに被害者が死亡したという場合、逮捕状請求書に記載すべき罪名及び被疑事実は、どのようにすればよいのか。

A　緊急逮捕は、逮捕後直ちに逮捕状を請求して裁判官の審査に服さなければならないとされている。裁判官は、逮捕時における緊急逮捕の要件が具備されているかを事後的に審査して、緊急逮捕行為に対して追認することになる。
　したがって、本問の場合、殺人未遂事件として緊急逮捕したのであるから、逮捕状請求書に記載すべき罪名及び被疑事実としては、逮捕した殺人未遂罪でその被疑事実を記載することになる。
　なお、送致の際には、**送致罪名**は殺人罪と記載し、その被疑事実を記載する。

☞　緊急逮捕状の請求は、通常逮捕の場合と異なり、検察官及び指定司法警察員に限られない（刑訴法199条2項、210条1項）。

想定問答

・一般的な刑事訴訟法の教科書では取り上げられていない実務上の留意事項についても、掘り下げて解説しています。
・司法警察員の方、警察署の係長以上の警察官など、基礎が既に身に付いている方は、このコーナーを重点的に読むことで、もう一歩力を伸ばすことができます。

Column

　緊急逮捕の要件は、逮捕時において存在することが必要であり、逮捕後に生じた事情を疎明資料とすることは許されない。
　もっとも、逮捕時において既に存在した事情で、逮捕者がこれを逮捕時に認識することができたものであれば、逮捕後に疎明資料として作成されたものであってもかまわない。例えば、逮捕直前に確認された被害届や参考人供述調書等が逮捕後に作成されたような場合である。
　なお、弁解録取書は、逮捕者が逮捕時において認識していた事実を記述したものではないので、緊急逮捕の実質的要件が逮捕時に充足されていたかを判断する資料とはならないが、身柄拘束の必要性を判断する資料とすることはできるので、裁判官からしばしば要求されることがある。

Column

　Column 欄では、「証拠法」の分野から、捜査法の理解に必要な事項に絞って解説しています。やや発展的な内容が中心となりますので、初学者の方は、ある程度力が付いてくるまで保留にしていただいてもかまいません。

目　次

凡　　例

本書で引用する法令・判例集・文献等は、以下のように略記する。

【法令名略称】

刑訴法	刑事訴訟法
刑訴規則	刑事訴訟規則
犯捜規	犯罪捜査規範
警職法	警察官職務執行法
銃刀法	銃砲刀剣類所持等取締法
道交法	道路交通法
個人情報保護法	個人情報の保護に関する法律

【略　語】

大判（決）	大審院判決（決定）
最判（決）	最高裁判所判決（決定）
最大判（決）	最高裁判所大法廷判決（決定）
高判（決）	高等裁判所判決（決定）
地判（決）	地方裁判所判決（決定）

【判例集略称】

刑集	最高裁判所（大審院）刑事判例集
民集	最高裁判所（大審院）刑事判例集
高刑集	高等裁判所刑事判例集
高民集	高等裁判所民事判例集
東高刑時報	東京高等裁判所刑事判決時報
高刑速	高等裁判所刑事裁判速報集
判特	高等裁判所刑事判決特報
下刑集	下級裁判所刑事裁判例集
下民集	下級裁判所民事裁判例集
刑裁月報	刑事裁判月報
判時	判例時報
判タ	判例タイムズ

第１章　職務質問と所持品検査

■警職法

（質問）

第２条　警察官は、異常な挙動その他周囲の事情から合理的に判断して何らかの犯罪を犯し、若しくは犯そうとしていると疑うに足りる相当な理由のある者又は既に行われた犯罪について、若しくは犯罪が行われようとしていることについて知つていると認められる者を停止させて質問することができる。

２～４　〔略〕

cf. 警職法２条２項～４項

要　件

職務質問

① 異常な挙動その他周囲の事情から合理的に判断

② 何らかの犯罪を犯し、若しくは犯そうとしていると疑うに足りる相当な理由のある者

③ 既に行われた犯罪について、若しくは犯罪が行われようとしていることについて知っていると認められる者

④ 停止させて質問すること

1　職務質問

定義　職務質問は、不審事由のある者又は参考人的立場の者に対して、警察官が相手方を停止させて、必要な質問をすることである。

☞ 捜査の端緒の一つである。

根拠　職務質問は、犯罪の予防及び捜査という警察の責務（警察法２条１項）を果たすために、公益の必要性と相手方の不利益とを比較衡量し、個人の自由を保障するとともに権限の濫用の防止を図ることとしたのである。

☞　職務質問は、任意処分であることから、相手方に応答義務を課すものではなく、物理的・心理的な強制力を行使することはできない。

しかし、相手方に認められる不審事由の程度と比例して、公益目的達成のために相手方に一定の実力行使も許される。

【職務質問の流れ】

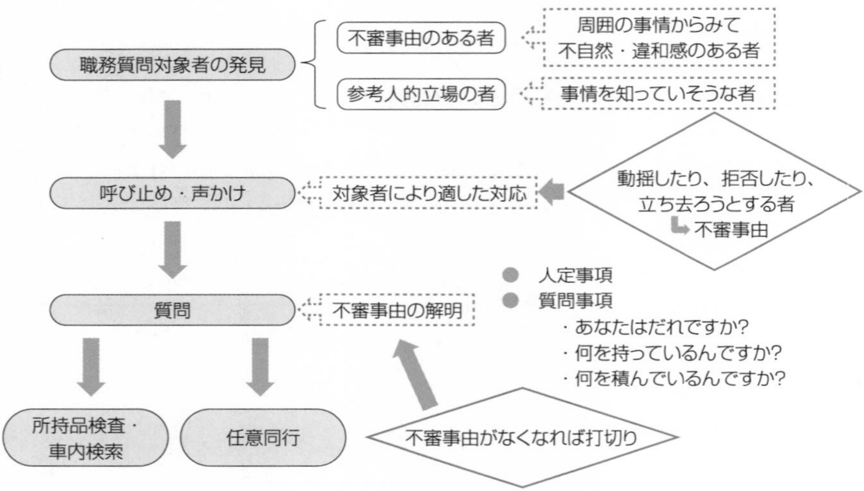

POINT　職務質問の要件と方法

職務質問については、❶不審事由があると認めた根拠、❷停止させる手段（実力行使の程度）、❸質問の方法などが判断の要素となる。

適法な職務執行に対して相手方がいきなり暴行するなど職務を妨害すれば、公務執行妨害罪（刑法95条）が成立するので現行犯逮捕ができる（➡第４章「２　現行犯人」28頁参照）。

また、職務質問の要件があるかどうかを確認するために質問することもできる（警察法２条１項）。

しかし、この場合には、職務質問の要件が備わっている場合ではないので、職務質問するに当たって用いることができる程度の実力行使はできない。任意な応答を期待してする質問に留まる（広島地判昭62.6.12判タ655-252）。

2　異常な挙動その他周囲の事情から合理的に判断

定義「異常な挙動」とは、対象者の言動、態度、着衣、所持品等が通常ではなく不自然であることをいう。

定義 「周囲の事情」とは、時間、場所、環境等からみた状況をいう。

定義 「合理的に判断して」とは、警察官の主観的・恣意的な判断ではなく、警察官の職業的な知識や経験に基づく客観的・合理的な判断をいう。

☞ 不審事由の判断は、警察官が現場で直接認識した事情だけでなく、事前に得ていた情報や知識などを総合して行う。

◘主要判例———職務質問の開始を適法とした事例

東京高判平26.6.12判時2236-63

道路の左端を歩いていた者が、警察官と目が合うと、急に俯いて視線をそらし、警察官を避けるように道路の右端に向かって斜めに歩き、道路の右側にある店舗に入るわけでもないのに道路の右端を足早に歩いて警察官の前を通り過ぎた後、道路の左端に移動し、警察官から声をかけられても行き過ぎようとしたので職務質問を開始した。

東京高判平22.2.15東高刑時報61-1～12-31

結晶状粉末入りの注射器とストローが入った封筒が、拾得物として届け出られたことから、警察官が、付近のパチンコ店前歩道上に座っている、落とし主の特徴と一致し、かつ、覚醒剤使用者に特徴的な風貌、様子の者に職務質問を開始したところ、細い路地へ行こうと言って歩き始めた。

東京地判平9.4.30判タ962-282

深夜、覚醒剤事犯の多発地域内を歩いていた被疑者が、パトカーを見ると顔をそむけ、足早に立ち去ろうとしたので、職務質問を開始した。

———客観的判断とはいえないとされた事例

京都地判昭43.7.22判タ225-245

繁華街の劇場前で、午前10時頃、粗末なジャンパーとズボンをまとい、古い半長のゴム靴を履き、古新聞を折って入れた紙袋を提げている者が、劇場の看板を眺めているのは不自然であり、その服装等から他で犯罪を犯してきた者ではないかとの疑念を抱くのは、その主観的な観察のみに頼った職務質問である。

———職務質問の態様が強制処分に当たるとした事例

大阪高判平30.8.30判時2430-140

覚醒剤使用罪について、警察官から路上で職務質問を受け、尿の提出を求められた被疑者が、令状がないことを理由に拒否し、自宅の共同住宅に戻ったところ、追随した警察官らがその建物内に立ち入って自宅前まで同行した上、令状発付までの約1時間半にわたり部屋のドアを閉めさせずに室内の様子をうかがっていたという警察官らの処分は、被疑者のプライバシーを大きく侵害した重大な違法のある強制処分である。

3　職務質問の対象者

職務質問の対象者は、不審事由のある者又は参考人的立場にある者である。

定義「何らかの犯罪」は、どのような犯罪であるか、あるいはその具体的内容まで特定されている必要はない。

☞「犯罪」は、構成要件に該当する違法な行為であればよく、有責な行為であることは要しない。

刑事未成年に対しても職務質問することができる。犯罪の種類・軽重は問わない。

定義「相当な理由」とは、単なる疑いでは足りないが、具体的な犯罪の嫌疑を認めるだけの根拠があることまでは必要ない。

POINT　職務質問に必要な「相当な理由」について

「相当な理由」は、職務質問を開始する時点に存在していなければならない。質問を継続するうちに当初の不審事由が解消し、又は著しく減少した場合には、職務質問のための「相当な理由」がなくなったのであるから、職務質問を続けることはできない。

定義「既に行われた犯罪について、若しくは犯罪が行われようとしていることについて知っていると認められる者」とは、参考人的立場にある者をいう。

定義「既に行われた犯罪について知っている者」とは、犯罪の被害者、犯罪の現場に居合わせた者などをいう。

定義「犯罪が行われようとしていることについて知っていると認められる者」とは、「殴り合いが始まりそうだ」と騒いでいる者、夜間に助けを求めて走ってくる者などをいう。

☞　参考人的立場にある者に対する停止は、その者に不審事由が直接認められるわけではないので、参考人的立場の者が異常な挙動をしている必要はない。

4　停止させて質問すること

職務質問を行うために、相手方を「停止させて質問する」ことができる（警職法２条１項）。

(1) 停止について

定義 「停止させて」とは、歩行者については声をかけて立ち止まらせることである。不審事由の認められる者が車両に乗車している場合には、その車を停止させることである（➡「5　自動車検問」8頁参照）。

POINT 「停止させる」の意義

停止させるのは、❶職務質問に先立つ停止、❷職務質問を開始した後に相手方が立ち去ろうとする場合の停止、❸職務質問のために任意同行後に相手方が立ち去ろうとする場合の停止が典型的である。

実力を用いて停止させることもできるが、停止させる必要性・緊急性、停止手段の相当性などを総合して判断する。⇒　**逮捕に該当するような身柄拘束は許されない。**

☞　職務質問をするために「止まらなければ逮捕する」とか「止まらないと撃つぞ」などと言うのは、相手方に対する心理的強制であり許されない。

☞　警察官が停止を求めても相手方が停止しない場合や、一旦停止したのに立ち去ろうとする場合には、停止するように説得することができる。さらにこの場合、不審事由が解消されず、停止させて質問する必要性や緊急性が高い場合には、一定の実力を行使することも許される。

☞　相手方の身体の自由を制圧するようなことは許されない。

具体的には、相手方の肩や着衣をつかむ、自転車の荷台を押さえるなどの一時的なものに限られる。数人で羽交い締めにするなどは、相手方の身体の自由を制圧するもので許されない。

【職務質問の要件と流れ】

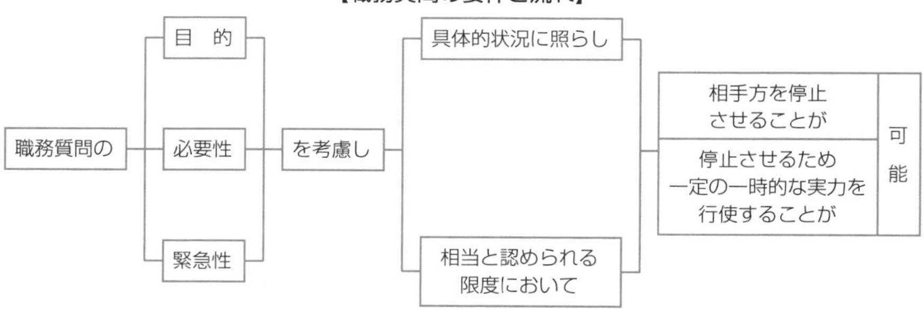

❖裁判例――――有形力行使が適法とされた事例

⑴ 職務質問に際してその場から立ち去ろうとしたり、逃げ出したりした相手方に対して

① 背後から腕に手をかけて引き止めた行為 （名古屋高判昭28.12.7高刑集8-7-1144）

② 追尾して追いつき肩に手をかけた行為 （長崎地判昭44.10.2判時580-100）

③ 肩に手をかけて停止を求めたが、これにとりあわなかったためその前面に立ち塞がった行為 （東京地決昭47.12.8刑裁月報4-12-2035）

④ 背後から声かけして手首をつかんだ行為 （東京高判昭49.9.30刑裁月報6-9-960）

⑤ 逃走しようとして抵抗する者の両肩あるいは両襟首をつかんで一時停止させる行為 （東京高判昭60.9.5刑裁月報17-9-727）

⑥ 肩をつかんで停止させ、なお逃走しようとするので腰をつかむ行為 （札幌高判平4.6.18高刑速（平４）126、東京高判平9.3.27高刑速（平９）70）

⑦ 複数台のタクシーを乗り継ぐなどして移動する相手方を約６時間半にわたり複数の警察官が追跡した行為 （福岡高判平29.4.28高刑速（平29）253）

⑵ 自転車に乗った者が立ち去ろうとしたことに対して

⑧ 左腕を抱え込むようにして道路端に誘導する行為 （東京高判昭52.10.31刑裁月報9-9=10-675）

⑨ 盗難の疑いのある自転車の荷台を押さえる行為 （東京高判昭55.9.4判時1007-126）

⑶ 職務質問の場から逃げようとした自動車運転者に対して

⑩ エンジンを切ろうとしたりハンドルをつかんだりする行為 （東京高判昭48.4.23高刑集26-2-180、最決昭53.9.22刑集32-6-1774）

⑪ 駐車場から発進しようとした者の運転する車両の進路を捜査用車両でふさいだ行為 （大阪高判平11.12.15判タ1063-269）

⑷ その他

⑫ 交通整理等の職務に当たっていた警察官につばを吐きかけた者に対して職務質問のため胸元をつかんで歩道上に押し上げる行為 （最決平元.9.26判タ736-111）

⑬ 覚醒剤を嚥下するのを阻止するためその顎や手足を押さえるなどの行為 （東京高判平5.7.28東高刑時報44-1～12-58）

――――有形力行使が違法とされた事例

① 数分間にわたってズボンの後ろをベルトと一緒に持ち、首筋をつかんでパトカーに乗車させる行為 （大阪地判平2.11.9判タ759-268）

② 警察官３人で身体に触れて押し止める行為 （東京地判平4.9.3判時1453-173）

③ 覚醒剤自己使用の事案において、警察官が職務質問中に車両のエンジンを切り、ドアを外から押すなどして車外に出られないようにした行為 （東京地判平22.8.6判タ1366-248）

④ 警察官が、職務質問から逃れようとする者を留め置くため、その首に腕をかけて後方に投げ飛ばし、仰向けに倒れたところを上から押さえ付け、四つんばいになった同人の首に腕をかけて絞め上げ、背後から乗って押さえ付けるなどした行為 （大阪地判平29.3.24判時2364-126）

⑤ 突然フェンスを乗り越えて地下鉄の改札口内に逃走しようとしたため相手方を引き倒し取り押さえた行為　（東京高判平28.4.15東高刑時報67-1～12-28）

想定問答　要請に基づくホテル客室内への立入り

Q 警察官がホテルの責任者から料金不払いや薬物使用の疑いがある宿泊客を退去させてほしい旨の要請を受けて、客室に赴き職務質問を行った。その際、客室入口において外ドアをたたいて声をかけたが、返事がなかったことから、無施錠の外ドアを開けて内玄関に入り、料金支払いを督促する来意を告げたところ、宿泊客が料金の支払いについて何ら納得し得る説明をせず、制服姿の警察官に気付くと一旦開けた内ドアを急に閉めて押さえた。

警察官がドアを押し開け、その敷居上辺りに足を踏み入れて、ドアが閉められるのを防止した措置は適法か。

A 職務質問に当たり、宿泊客の意思に反して同室の内部に立ち入ることは、原則として許されないと解される。しかし、設問では、警察官が臨場してホテルの責任者から被告人を退去させてほしい旨の要請を受ける事態に至っており、もはや通常の宿泊客とはみられない状況にある。

相手方は、何ら納得し得る説明をせず、制服姿の警察官に気付くと、一旦開けた内ドアを急に閉めて押さえるという不審な行動に出ており、このような状況の推移に照らせば、料金不払いや薬物使用の不審事由は深まったといえる。そこで、質問を継続する状況を確保するため、内ドアを押し開け、内玄関と客室の境の敷居上辺りに足を踏み入れ、内ドアが閉められるのを防止したことは、適法な措置である（最決平15.5.26刑集57-5-620）。

※ 参考人的立場にある者に対する停止は、不審者に対して許されるのと同程度の実力の行使はできない（京都地判昭43.7.22判タ225-245）。

(2) 質問について

定義 質問は、相手方に問いを発して必要なことを聞き出すことをいう。

職務質問は、犯罪の予防又は捜査のために不審事由の解明や必要な情報を収集するために行う。

☞ 職務質問での「質問」は、答弁を強要してはならない（警職法２条３項）。

☞ 応答を説得することはできるが、説得が相手方の意思を制圧するような態様は違法である。

☞ 応答するように説得するために、相手方に実力を行使するのは許されない。

☞ 質問を始めた後に、一層不審事由が強くなった場合に、さらに応答するように説得することは問題ないが、不審事由が解消した場合には、職務質問を継続するのは許されない。

もっとも、職務質問の過程で、当初の不審事由は解消したが、新たな不審事由が生じた場合には、職務質問を継続することができる。

☞ 職務質問によって具体的な犯罪の嫌疑が明らかとなり、被疑者と判断される場合には、その後の質問は取調べといえるので供述拒否権を告知しなければならない（刑訴法198条２項）。

5　自動車検問

定義 自動車検問とは、犯罪の予防、捜査、検挙等のため、警察官が走行中の自動車を停止させ、自動車の見分及び運転者、同乗者に対して質問を行うことをいう。

自動車検問には、

① 交通違反の予防・検挙を目的とする交通検問

② 不特定の一般犯罪の予防・検挙を目的とする警戒検問

③ 特定の犯罪の犯人検挙と情報収集を目的として行われる緊急配備検問

とがある。

また、検問の対象から、

① 車両外観上から不審事由が認められる車両を対象とした検問

② 車両外観上不審事由の有無にかかわらず通行する車両を対象とした無差別検問

に分けられる。

想定問答　自動車検問の法的根拠

Q 自動車検問については、どのような法的根拠で車両の停止が認められるのか。

A ⑴ 車両外観上不審事由が認められる場合

① 交通検問

車両外観や走行状況から次の道路交通法違反が認められる場合

☞ 道路交通法第58条の２（積載物の重量の測定等）、61条（危険防止の措置）、63条（車両の検査等）、67条（危険防止の措置）がある。

② 警戒検問

走行中の外観状況等から不審事由が客観的に認められる場合

☞ 警職法２条１項

③　緊急配備検問

特定された自動車又は犯人や参考人が自動車で走行していることがうかがえ、車両外観上不審事由が認められる場合

☞　刑訴法197条１項、警職法２条１項

(2)　車両外観上不審事由が認められるわけではない場合

☞　警察法２条１項

この場合、相手方の任意の協力を求める形で行われ、かつ、自動車の利用者の自由を不当に制約することにならない方法、態様で行われる限り適法である（最決昭55.9.22刑集34-5-272）。

POINT　不審事由のある自動車運転者又は同乗者に対する職務質問（停止）

車載マイクで運転者に停止するように呼びかける行為だけでなく、呼びかけに応じず速度を上げて逃走を図ろうとした場合には、職務質問の必要性・緊急性が具体的に認められることから、パトカーによるいわゆる「挟み撃ち」によって停車させ、自動車運転者又は同乗者に対して職務質問することができる（名古屋高金沢支判昭52.6.30判時878-118）。

◆主要判例———車両停止のための実力行使が適法とされた事例

仙台高秋田支判昭46.8.24刑裁月報3-8-1076

飲食店から出て来た者が自動車を発進させようとするのを現認し、職務質問のために運転免許証の提示を求めたところ、酒臭が感じられたため、ハンドルとドアをつかんで停止を求めた。

東京高判平8.6.28判時1582-138

過激派の非公然アジトから段ボール箱様の物を積み込んで出発したとの通報手配のあった車両を停止させ、同車内にいた者に職務質問をした際、急発進による危険を回避するため、前輪に車止めを設置した。

———車両停止のための実力行使が違法とされた事例

東京地判平22.8.6判タ1366-248

不審車両を停止させて職務質問を開始したところ、対象者から覚醒罪取締法違反の前歴が判明し、所持品検査と車内検索では違法な物は発見されなかったものの、同人の腕に注射痕様のものが認められたため、警察署への任意同行及び任意採尿を求めたが、同人がこれを拒否したことから、逃走を企てていることをうかがわせる具体的な事情がないのに、運転席の窓から手を差し入れてエンジンのスイッチを切るとともに、再始動しようとする同人の腕をつかんで制止した。

千葉地判平16.11.29裁判所ウェブサイト

窃盗容疑のある者に対して職務質問を開始したところ、同人が自動車に乗り込んで発進しようとしたので、逃走防止のため、運転席側から手を入れて同人の右手をつかんだものの、なおも抵抗することから、他の警察官とともに身体を窓から車外に引っ張り、身体が車外に出る直前にエンジンキーを取り上げ、そのまま引き出された同人に乗り掛かるようにして押さえ付けた。

奈良地判平3.3.27判時1389-111

横断歩道上に停車中の自動車を発見し、運転席側の窓をたたいて運転免許証の提示を求めたところ、同車両が逃走すべく前進を始めたことから、これを停止させ職務質問を継続しようと、同車両のフロントガラス及び天井付近を所携の警棒で数回にわたり強打して破損させた。

6　所持品検査

要　件

①　適法な職務質問に付随するものであること
②　不審事由解明のために必要かつ有効であること
③　捜索に至らない程度の行為であること
④　強制にわたらない社会的に相当な方法で行われること

(1)　定　義

定義「所持品検査」とは、警察官が、職務質問等の相手方の所持している物品の提示を求め、又はこれを開披して検査する行為をいう。

☞　所持品検査には、①職務質問（警職法２条１項）に付随するもの、②被逮捕者等の身体について凶器の捜検（警職法２条４項）、③捜査における任意の身体捜検（刑訴法197条１項）、④銃砲刀剣類の検査（銃刀法24条の２第１項）がある。

☞　所持品検査については、明文の規定がないが、判例は、「**所持品の検査は、**口頭による質問と密接に関連し、かつ、**職務質問の効果をあげるうえで必要性、有効性の認められる行為であるから、**（中略）**職務質問に附随してこれを行うことができる場合がある**」としている（最判昭53.6.20刑集32-4-670）。

☞　職務質問に伴う所持品検査の方法には次のとおりの段階がある。

【所持品検査】

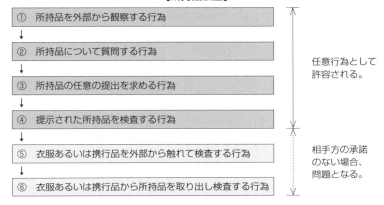

① 所持品を外部から観察する行為
↓
② 所持品について質問する行為
↓
③ 所持品の任意の提出を求める行為
↓
④ 提示された所持品を検査する行為

（①～④）任意行為として許容される。

↓
⑤ 衣服あるいは携行品を外部から触れて検査する行為
↓
⑥ 衣服あるいは携行品から所持品を取り出し検査する行為

（⑤～⑥）相手方の承諾のない場合、問題となる。

☞ 職務質問に伴う所持品検査において、相手方の承諾があれば、図の①～④は不審事由解明のための任意手段として許される。

また、承諾があるとしても⑤及び⑥の場合は、①～④よりも相手方の利益を制約する程度が高いので、職務質問の必要性は①～④よりも高くなければならない。

POINT 所持品を取り出し検査する留意点

❶ 所持品を全て出してもらう
　相手方に出してもらうように努めること
　破損・紛失防止に考慮すること
❷ 所持品の出し忘れや出し残しがないかを確認する
　決めた手順どおりに行うこと
❸ 取り出した物をそれぞれ確認し、確認し終わった物ごとに返却する
　確認には相手方に立ち会ってもらうこと
　最終的に返し忘れがないかを確認すること
※ 所持品が禁制品であれば、所持罪の現行犯逮捕を行う。

◘主要判例――承諾を確認して対処した事例

大阪高判昭62.11.4判時1262-139

職務質問を開始後、相手方が所持品の一部を着衣の中に残して警察官の所持品提示の要求に任意に応じたことから、着衣の外側から触れたところ、何もない旨強弁するなどした。そこで、相手方の承諾を確認した上で、被告人の着用するコートの左側外

ポケットに手を差し入れて注射筒、注射針及び覚醒剤をつかんで取り出したことは、それが被疑者の承諾を伴い、職務質問を遂行するために必要かつ相当な行為であったと認めることができるから、職務質問に伴う付随行為として許容されるものというべきである。

※ 問題となるのは、相手方の承諾のない、前出の図⑤及び⑥の場合の所持品検査である。

(2) 所持品検査の適法性判断基準

職務質問に伴う所持品検査は任意処分であり、相手方の承諾があることが原則であるが、職務質問の目的を達成するために、承諾がなくても所持品検査が許される場合がある。

◇主要判例――適法な所持品検査の判断基準

最判昭53.6.20刑集32-4-670

【事案】 銀行強盗事件で緊急配備がなされていたところ、深夜に検問の現場を通りかかった犯人としての濃厚な容疑が存在し、かつ、凶器を所持している疑いがあった者に対する職務質問に対して黙秘した上、再三にわたる所持品の開披要求を拒否するなどした

【判旨】 職務質問に付随して行う所持品検査は、所持人の承諾を得て、その限度においてこれを行うのが原則であるが、持っていたバッグのチャックを開披し一瞥したという捜索に至らない程度の行為は、捜索にわたらない限り、所持品検査の必要性、緊急性、これによって侵害される個人の法益と保護されるべき公共の利益との権衡などを考慮し、具体的状況の下で相当と認められる限度で許容される場合がある。

POINT　相手方の承諾のない所持品検査が適法となる要件

❶ 職務質問に伴う所持品検査であることから、職務質問自体が適法であること
❷ 所持品検査が、不審事由解明のために必要かつ有効であること
❸ 強制に至らない社会的に相当な方法によって行われるものであること

☞ 所持品検査に当たっては、捜索に至らない程度の有形力の行使が許される。
所持品検査における有形力の行使の適否は、
① 所持品検査の必要性（容疑の重大性やその程度）・緊急性
② 手段・方法の相当性
などにより、具体的状況に応じて判断される。

Column

裁判例での有形力行使の適否の考え方

裁判例では、相手方の対応、警察官が相手方に行使した有形力の内容・程度を勘案し、所持品検査の態様に、客観的には行き過ぎた点があったとしても、現場の警察官の立場からみればやむを得ない限度に収まっているといえれば、有形力の行使を伴う所持品検査を違法としつつも、その違法の程度は重大とはいえないとして証拠能力を認めてきたといえる。しかし、警察官による有形力の行使はほとんどなかった事案でも、①所持品検査の必要性は高くなく、緊急性は認められなかったこと、②所持品検査の態様が相手方のプライバシーを侵害する程度の高い行為であったことが認められる場合には、有形力の行使はほとんどないものの、現場の警察官の立場からみてもやむを得ない限度に収まっていたとはいえないとするものもある（大阪高判平28.10.13判タ1439-127、大阪高判昭56.1.23判時998-126）。

【相手方の承諾が得られない場合の所持品検査（有形力の行使）】

1	捜索に至らない程度の行為であること
2	強制にわたらないこと
3	所持品検査の必要性・緊急性があること
4	侵害される法益と保護される利益との権衡を考慮すること

↓

これらの要件に当てはまるケースで

↓

具体的状況の下で
相当と認められる限度で
→ 許容可能な場合あり

◇主要判例———所持品検査を適法とした事例

福岡高判平4.1.20判タ792-253

ホテル内において、覚醒罪使用による影響と思われる異常な言動をした者に不安を抱いた相宿泊者より要請を受けて臨場した警察官が、職務質問を開始し、バッグのポケットから覗いていた注射器を発見したことから、更にバッグの中身を開示するよう促したが、これを無視したことから、警察官がホックの掛かっていない状態のバッグの蓋を開披したのは、職務質問の要件及び所持品検査の必要性があり、覚醒罪の自己使用及び所持という犯罪の蓋然性が客観的に極めて高く、罪証を隠滅する可能性が大であったとして緊急性も認められる。

―――所持品検査を違法とした事例

最判昭53.9.7刑集32-6-1672

覚醒剤の使用ないし所持の容疑がかなり濃厚に認められる者に対して警察官が職務質問中に、再三の提示要求に応じなかったことから、承諾のないまま、上衣左側内ポケットに手を差し入れて覚醒剤や注射器等を取り出した行為は、その態様において捜索に類するものであるから、職務質問に付随する所持品検査の許容限度を逸脱しており違法である。

最決昭63.9.16刑集42-7-1051

覚醒剤常用者特有の顔つきをした者に職務質問しようと警察官が声をかけたところ返答せずに逃げ出したため、追い掛けて取り押さえ、パトカーに乗車させて警察署に同行後、職務質問を開始し、所持品検査を求めたところ、ふてくされた態度で上着を脱いで投げ出したので、黙示の承諾があったものと判断して所持品検査をするうち、同人の左足首付近の靴下の部分が膨らんでいるのを認めて、覚醒剤様のもの一包みや注射器、注射針等を取り出した行為は、承諾なく、かつ、違法な連行の影響下でそれを直接利用してなされた違法な所持品検査である。

想定問答　覚醒剤事犯での職務質問の際の留め置き

Q 派出所に電話をかけてきた者の異常な言動等から、覚醒剤使用の嫌疑を抱いた警察官が、立ち回り先方面に向かっていたところ、同人運転の車両を発見し、拡声器で停止を指示したが、蛇行運転をしながら進行を続けた。同人は警察官の指示に従って停止したので職務質問を開始したところ、目をキョロキョロさせ、落ち着きのない態度で、素直に質問に応ぜず、エンジンを空ふかししたり、ハンドルを切るような動作をしたため、車両のエンジンキーを引き抜き、取り上げるなどして運転を阻止し、警察署への任意同行を求めて約６時間半以上にわたり職務質問の現場に留め置き、その間に強制採尿のための捜索差押許可状の発付を得て令状の執行を開始した措置は適法か。

A 職務質問の開始とそのための停止措置が適法であっても、その後、任意同行を求めてその場に数時間にわたって留め置くことは、特段の事情がなければ任意捜査の限界を超えたものとして違法と評価されることがある。

最高裁は、上記のような事案で、エンジンキーを取り上げた行為は、職務質問を行うため停止させる方法として必要かつ相当な行為であるが、その後、約６時間半以上も現場に留め置いた措置は、任意同行を求めるための説得行為としてはその限度を超え違法といわざるを得ないとした（最決平6.9.16刑集48-6-420）。

◇主要判例———長時間の留め置きを違法とした事例

東京高判平29.6.28判時2402-105

警察官Ａ及びＢは約１時間にわたり近距離で被疑者の様子を観察していたのに覚醒剤使用の特徴に気付かず、職務質問開始から約１時間経過して強制採尿手続に入ることを同人に伝えた警察官Ｃは４分程度しか観察しておらず、その段階で客観的には強制採尿令状の請求に必要な覚醒剤使用の嫌疑を基礎付ける事情がないのに職務質問の現場に約５時間留め置いたのは違法である。

東京高判平27.3.4判時2286-138

覚醒剤使用の嫌疑がある被疑者を複数の警察官が隙間なく取り囲み、同人が再三、そこから出たいとの明確な意思表示をして立ち去る行動に及んでいるにもかかわらず、身体を押し付ける、腕をつかむなどして約３時間40分その場に留め置いたのは違法である。

東京高判平19.9.18判タ1273-338

運転者が立ち去ることを繰り返し要求していたにもかかわらず、これを無視して所持品検査に応じるよう説得するために被疑者を約３時間半にわたり職務質問の現場に留め置いたのは違法である。

———留め置きに際しての実力行使が違法とされた事例

大阪地判平29.3.24判時2364-126

覚醒剤使用事件において、偽名を告げ任意採尿を拒否し続ける者に対する職務質問開始から強制採尿令状請求準備着手までの間の留置き、同人が呼んだ救急車内及び病院内における動向監視については違法といえないものの、病院の通用口へ走る同人に対し、強制採尿令状の執行確保のために留め置く必要性・緊急性が非常に高かったことを考慮しても、警察官らが同人の背後から身体をつかむのみならず、首に腕をかけて後方へ投げ飛ばし、仰向けに倒れたところを上から押さえ付け、四つんばいになると、首に腕をかけて絞め上げ、背後から乗って押さえ付けるなどした行為は、任意捜査として許容される限度を超えた逮捕行為で違法である。

———職務質問に伴う留め置きは違法だが重大とまではいえないとした事例

東京高判平23.3.17東高刑時報62-1～12-23

覚醒剤取締法違反被告事件において、停車した自動車に乗っていた被疑者に対する職務質問のための現場への留め置きに関し、職務質問開始後約２時間経過した時点でエンジンキーの返還要求を拒絶した後の留め置きは違法だが、職務質問が適法に開始されたこと、警察官らは被疑者車両のエンジンキーを返却しなかったにとどまり、被疑者は現場を離れること以外は自由に振る舞えていたこと、警察官は職務質問開始から約50分後には強制採尿令状請求の手続をとっていることからすると、留め置きの違法の程度はいまだ令状主義の精神を没却するような重大なものとはいえず、その後の採尿手続にも違法はないとして、被疑者の尿に係る鑑定書の証拠能力を肯定した。

Column

違法な捜査によって収集された証拠を証拠とすることができるか

違法収集証拠は、証拠物の押収等の手続に、①憲法35条及びこれを受けた刑訴法218条１項等の所期する令状主義の精神を没却するような重大な違法があり、②これを証拠として許容することが、将来における違法な捜査の抑制の見地からして相当でないと認められる場合には証拠能力は否定される。

証拠とすることができるか否かは、①手続違反の程度（逸脱の程度、害される利益の重要性、損害の程度等）、②手続違反がなされた状況（緊急の状況で法の遵守が極めて困難であったか）、③手続違反の有意性（計画性や違法性の認識の有無）、④手続違反の頻発性（性質から繰り返し行われるおそれがあるか）、⑤手続違反と当該証拠獲得との因果関係の程度（合法的な手続利用が可能で、その合法手続による当該証拠の獲得が可能であったか）、⑥証拠の重要性（当該事件の証明にどの程度重要性があるか）、⑦事件の重大性（基本的には法定刑の程度や罪質が基準となるも、事件の特性や社会的関心の強弱も含む。）などの事情を判断基準として総合的に決定される。

これまで最高裁の裁判例では、任意処分である所持品検査等が違法としつつも証拠能力を肯定してきたが、最判平15.2.14刑集57-2-121は、逮捕時に逮捕状の提示をせず、緊急執行もしなかったという違法逮捕に引き続き採取した尿を鑑定した鑑定書の証拠能力を否定した。

第２章　被害届と告訴

■犯捜規61条

（被害届の受理）

第61条　警察官は、犯罪による被害の届出をする者があつたときは、その届出に係る事件が管轄区域の事件であるかどうかを問わず、これを受理しなければならない。

２　前項の届出が口頭によるものであるときは、被害届（別記様式第６号）に記入を求め又は警察官が代書するものとする。この場合において、参考人供述調書を作成したときは、被害届の作成を省略することができる。

１　被害届

定義　被害者又は被害関係者が、被害にあった事実を警察に申告してきた際に、その内容を記載した書面をいう。

☞　警察官は、犯罪による被害の届出をする者があったときは、その届出に係る事件が管轄区域の事件であるかどうかを問わず、これを受理しなければならない（犯捜規61条１項）。

☞　被害届は、捜査の端緒として重要な意味を持つとともに、被害事実を証明する証拠である。

☞　被害の届出が口頭によるものであるときは、被害届（犯捜規別記様式第６号）に記入を求め又は警察官が代書する（犯捜規61条２項）。

この場合、被害者又は届出人の届出内容をよく聞き、正確に記載し、本人の意思を相違ないことを確認し、読み聞けの上、署名・押印を求め、末尾欄代書の理由及び代書者の官職・氏名を記載し押印する。

☞　被害届は、原則的にあらゆる犯罪について作成すべきである。

しかし、贈収賄罪、公然わいせつ罪等の犯罪の性質上、特定の被害者がなく、被害届の作成の不可能な場合には被害届は作成されない。

2 告 訴

定義 告訴とは、犯罪の被害者その他法律に定めた告訴権を有する者が、捜査機関に対して、**犯罪事実を申告し、犯人の処罰を求める意思表示**をいう。

☞ 犯人の処罰を求める意思表示である点で、犯罪の被害を申告するにとどまる被害届とは異なる。

定義 告訴は、親告罪でない一般の犯罪については、単に捜査の端緒となるにすぎないが、親告罪の場合は訴訟条件である。

☞ 告訴は、犯罪の被害者等の告訴権者（刑訴法230条～234条）が、書面による告訴（告訴状による告訴）をした場合、司法警察員はこれを受理しなければならない（犯捜規63条１項）。

司法巡査が告訴状を受け取って司法警察員に取り次ぐことはできる。

被害者の委任による代理人から告訴を受ける場合には、委任状を差し出させなければならない（犯捜規66条１項）。また、被害者以外の告訴権者から告訴を受ける場合には、その資格を証する書面を差し出させなければならない（犯捜規66条２項）。

☞ 告訴状により告訴を受理したときは、警察署の収受印を押印する。

☞ 口頭による告訴を受けたときは、司法警察員は告訴調書を作成しなければならない（犯捜規64条１項）。

POINT 告訴調書の記載要件

告訴調書においては、

- 告訴権を有すること
- 告訴事実が明らかであること
- 処罰の意思表示があること

等を記載することが必要である。

また、親告罪については、

- 告訴年月日
- 犯人との関係
- 告訴権の有無
- 代理人による告訴については代理権の有無
- 告訴人が犯人を知った年月日
- 処罰を求める意思表示の有無

等を明らかにする必要がある。

第３章　任意同行

■警職法２条２項

その場で前項の質問をすることが本人に対して不利であり、又は交通の妨害になると認められる場合においては、質問するため、その者に附近の警察署、派出所又は駐在所に同行することを求めることができる。

■刑訴法198条１項本文

検察官、検察事務官又は司法警察職員は、犯罪の捜査をするについて必要があるときは、被疑者の出頭を求め、これを取り調べることができる。

■同法223条１項

検察官、検察事務官又は司法警察職員は、犯罪の捜査をするについて必要があるときは、被疑者以外の者の出頭を求め、これを取り調べ〔中略〕ることができる。

cf. 警職法２条３項（身柄の拘束、連行の禁止）
刑訴法197条１項（捜査に必要な取調べ）

要　件

１　警職法２条２項の任意同行

①　職務質問の要件があること
②　その場で質問することが本人に対して不利である場合
③　交通の妨害になると認められる場合
④　同行を求めること（同行要求）

２　刑訴法197条１項の任意同行

①　司法警察職員
②　犯罪の捜査をするについて必要があるとき
③　被疑者・参考人の出頭を求めること
④　被疑者・参考人を同行すること

【警職法上の任意同行と刑訴法上の任意同行】

	警職法上	刑訴法上
根拠法条	２条２項	198条１項
目　的	犯罪の予防・鎮圧	犯罪捜査
対象者	不審者、参考人的立場の者	被疑者
要　件	・その場で質問をすることが本人に対して不利である場合 ・交通の妨害になると認められる場合	・逮捕に慎重を期すこと ・被疑者の名誉の保護 ・被疑者の経済的・身体的負担の軽減 等
手　段	強制にわたる有形力の行使は許されない。強制に至らない有形力の行使は、任意捜査においても許容される範囲があるが、必要性・緊急性等も考慮した上、具体的状況の下で相当と認められる限度において許容される。	
用件告知	用件告知義務は通常の場合不要であるが、用件不明の場合には、承諾がなかったとされるおそれがある。	・行先、用件を告知する。 ・取調べ開始の際、供述拒否権の告知義務あり。
同行時間	時間的制限は特になし（質問の継続のため）	深夜から早朝の時間帯は避けるべき（任意性確保のため）

POINT　任意同行の区別

警職法上の任意同行と刑訴法上の任意同行とは法的根拠が異なるとはいえ、実際には流動的な事態の推移において明確な区別は容易ではない。

裁判例では、両者を一体として捉えて、任意同行が実質的な逮捕かどうかという検討をする事案も少なくない。

1　警職法上の任意同行

警職法上の任意同行は、職務質問のために認められる警察官の権限である。

定義　職務質問のための**同行要求**（警職法２条２項）に応じた相手方を警察署等に同行することを「任意同行」という。

POINT　任意同行の方法

職務質問に際し、その者に対して付近の警察署、派出所又は駐在所に同行を求めることはできるが、あくまで連行にわたってはならない。

定義 同行要求とは、その場で職務質問をすることが本人に対して不利であり、又は交通の妨害になると認められる場合に、質問するため、その者に付近の警察署、派出所又は駐在所に同行を求めることをいう。

☞ 不審事由が認められない場合には、同行を求めることはできない（京都地判昭43.7.22判タ225-245）。

定義 「本人に対して不利である場合」とは、悪天候などの場合や、繁華街で人だかりができて相手方の名誉や羞恥心を害するおそれがある場合等である。

定義 「交通の妨害となると認められる場合」には、車道に立ちはだかる挙動不審の歩行者や、交通が頻繁な狭い道で停車した自動車の運転者の場合などのほか、職務質問を行ったために人だかりができて、その結果、交通の妨害を引き起こす場合がある。

☞ 警職法２条２項の任意同行の要件を満たしていなくても、相手方が激昂し犯罪等に及ぶおそれのある場合に、相手方の態度の鎮静化を図ることなどを目的に任意同行を求めることは、警察法２条１項の趣旨に照らし適法である（秋田地大館支判平17.7.19判タ1189-343）。

定義 「質問するため」とは、同行要求の目的をいうが、専ら職務質問を継続するためであって、取調べや逮捕を目的とするものであってはならない。

定義 「附近の」とは、質問を開始した場所の付近をいう。

定義 「警察署、派出所又は駐在所」は、例示列挙であり、付近の建物、空き地その他の場所でもよい。

☞ 停車中のパトロールカー内でもよい（広島地判昭50.12.9判タ349-284）し、付近の民間施設（鳥取地判昭51.3.29判時838-99）や空き地等の職務質問に適した場所であればよい。

なお、その場所が新たに相手方の不利になり場所や交通の妨害となる場所であってはならない。

☞ 犯罪に関係があると認められる者を犯罪現場に同行して事情を聞いたり（東京高判昭31.9.29高刑集9-9-1062）、被害者に犯人の確認を求めるために被害者のいる場所まで被疑者に同行を求める場合は、警職法２条２項の任意同行には当たらないが、職務質問に付随して合理的に必要と認められる限度で許される。

◇主要判例――任意同行が適法とされた事例

大阪高判昭61.5.30判時1215-143

覚醒罪常習者のような外見的特徴のある者に職務質問を開始したところ、付近は商店街で人通りも多く、相手方が、「こんなところでは恥ずかしい。」と言ったため、最寄りの派出所に同行を求め、これに応じた者をその派出所に同行したのは任意同行として適法とした。

東京地判平3.9.25判時1416-110

選挙の演説会告知ポスターを貼付していた者らに職務質問したところ、支援者等が多数集まって質問の継続が不可能になったため、警察署への同行を求めた事案で、公衆の面前で質問することは本人に不利になり、交通の妨害が懸念される状況にあったとして任意同行を適法とした。

――任意同行が違法とされた事例

大阪高判平16.10.22判タ1172-311

盗難車に乗っていた者に職務質問をし、警察署までの同行を求めたところ、同署に行くことを拒み、その場から立ち去る気配を示したことから、警察官らが前方に立ちふさがってこれを阻止し、実力を行使してパトカーの横まで連行の上、乗車を拒否したのを腰を押すなどして後部座席に乗り込ませ、車内で「こんなもんは強制じゃないのか。」などと文句を言って騒ぐ者を無視してパトカーを走行させたことは、任意同行の限度を超えた違法がある。

POINT　任意同行は任意処分

警職法上の任意同行は任意処分である（警職法２条３項）。

任意処分か否かは、「必要性・緊急性・相当性」という要件に照らして判断される（最決昭51.3.16刑集30-2-187）。

(1) 同行を求めること（同行要求）

定義　警察官と警察署等へ共に行くことを求めることをいう。

☞　任意同行は、相手方の意に反して連行することは許されない（警職法２条３項）が、不審事由のある相手方に同行を求めるのであるから、相手方の積極的な承諾が得られるとは限らないので、黙示の承諾でもよい。

☞　内心はいやだと思っていても、しぶしぶ同行に応じたという場合でも、任意同行といえる。

☞　同行後、相手方は警察署等からいつでも退去することができる。

◘主要判例――黙示の承諾があったとした事例

大阪高判昭63.3.1判タ676-264

警察官が覚醒罪事犯の疑いのある者に対して職務質問に付随してセカンドバッグを検査しようとしたところ、逃げ出したので、約270メートルにわたり追跡し、同人に追い付き、その肩と腕をつかんで、そこから十数メートル離れた警察官派出所に同行した事案で、黙示の承諾があったとしている。

―――真意の承諾がないとして違法とした事例

大阪地判昭63.4.14判時1303-97

相手方から承諾の言辞があっても、これが自由意思を抑圧された状況下においてなされれば、真意による承諾とはいえない。

仙台高秋田支判昭55.12.16高刑集33-4-351

虚偽の目的を告げて、それを口実に相手方に同行を承諾させるのも違法である。

想定問答　同行要求の際に告げる容疑の内容

Q　同行を相手方に求めるに当たり、実際は覚醒罪所持の解明にあったが、現認した駐車違反の事実のみを告げただけで、覚醒罪事犯の容疑を告げなかったという場合、警察官の措置は適法か。

A　同行要求に当たっては、必ずしも相手方にその理由・目的を告げなければならないものではない（東京地判昭60.10.14判時1184-156）。

また、任意同行を求めるに当たり、相手方に容疑として告知し得るだけの客観的な証拠を収集していたわけではなく、警察官の主観的なものにとどまっていたにすぎないとしても、警察官が告知した駐車違反は、現行犯として既に容疑も明白で、この件のみでも任意同行を求めるに十分なものであったことなどからすると、警察官の措置は適法である（東京高判昭61.1.29刑裁月報18-1=2-7）。

(2)　任意同行の方法（有形力行使の程度）

☞　任意同行は、任意処分であるが、有形力の行使が全く認められないというものではない。

強制連行にわたらない限り、必要性、緊急性などをも考慮し、具体的状況の下で相当と認められる限度において許容される。

◘主要判例―――有形力行使が適法とされた事例

東京地判平2.6.26判タ748-135

警察官を偽警官だと言い張って職務質問に応じない挙動不審者に対する質問を続けるため、派出所への同行を求めたが、同人がこれを拒否したので、説得のため左腕に触れたところ抵抗し、派出所の方向へ歩き出したため、警察官もこれを追尾し、派出所横に来たところで、派出所入口方向に促すように左肩に触れたという事案で、警察官の行為は、いずれも相手方の意思を制圧するようなものとはいえず、また、有形力の行使自体としては極めて軽微なものであるから、違法とまではいえない。

―――有形力行使が違法とされた事例

大阪高判平4.1.30高刑集45-1-1

覚醒罪取締法違反容疑のある者に警察署への同行を求めたが、拒否されたため、警察官が同人の頭、肩、ズボンのベルトをつかんでパトカーに押し込んで同行した事案について、職務質問の方法としてA署に連行する際にとった措置は、職務質問の方法として許される限度を著しく超え、逮捕行為にも比すべきもので違法である。

(3) 同行を説得するための現場への留め置き

☞ 同行を求めたところ、相手方が拒否した場合、同行を説得するために職務質問の現場に留め置くことは許される。

◇主要判例―――留め置きを適法とした事例

東京高判平8.9.3高刑集49-3-421

道路運送車両法違反についての嫌疑が濃厚であり、現行犯逮捕も可能であったが、警察官が任意捜査を選択したことから、車内に閉じこもるなどした者に対する説得に時間を要したが、任意同行のための説得を開始した時点から起算すれば留め置きの時間は約４時間にとどまることから、留め置きは許容される時間的限度内にあった。

2 刑訴法における任意同行

定義 被疑者や参考人の出頭を確保するために、警察官がその所在する場所から警察署等へ被疑者や参考人を同行することを、一般に、刑訴法における任意同行という。

(1) 犯罪の捜査をするについて必要があるとき

被疑者や参考人について犯罪の捜査をする必要があるとき（198条１項本文、223条１項）に、任意捜査の一方法として任意同行が行われる。

☞ 捜査は、犯人を捜索・保全し、かつ、証拠を収集・保全する活動であるが、捜査機関は、その目的を達成するために必要とされる一切の手段・方法を行うことができる。

⑵ 被疑者・参考人の出頭を求めること

☞ 出頭要求の目的は、取調べに限られない。被疑者に対する身体検査や鑑定等のための出頭を求めることもできる。

☞ 出頭を求める場所は、一般的には、捜査機関の所属する官署であろうが、必要であれば、他の場所に出頭を求めることもできる。

⑶ 被疑者・参考人を同行すること

捜査は任意捜査が原則であり（197条１項本文)、また、逮捕が被疑者の人権に重大な影響を与えるものであることから、慎重を期すために任意同行も認められる。

【刑訴法における任意同行】

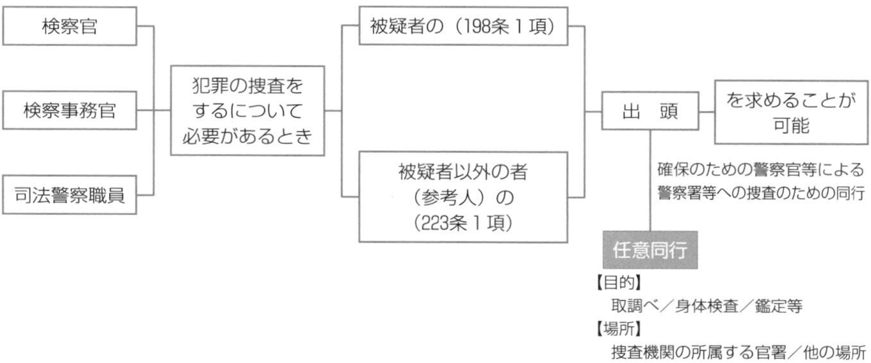

POINT 任意同行と実質的逮捕の区別

任意同行の形式がとられていたとしても、逮捕と同一視し得る程度の強制力が被疑者に加えられていたと認められるときには実質的逮捕に当たる。

任意同行が実質的逮捕に当たるかどうかの判断基準は、一般に、

❶ 同行を求めた時間・場所
❷ 同行の方法・態様
❸ 同行を求める必要性
❹ 同行後の状況、特に取調べ時間・方法、看視の状況
❺ 捜査官の主観的意図
❻ 被疑者の属性・対応の仕方
❼ 同行を求めた時点で捜査機関が被疑者を逮捕し得る準備を完了していたか

などの具体的状況を総合的に検討して、事案ごとに個別的に判断される。

☞ 事前に逮捕状の発付を得ているからといって、任意同行が実質的逮捕となるわけではない。逮捕状が発付されていることを告げたり、示唆した場合には、自由な意思決定に基づくとはいえないと評価されることもある。

◆主要判例———実質的逮捕に当たるとされた事例

仙台高秋田支判昭55.12.16判時1001-134

自転車窃盗につき自白を得る目的で、乗車を拒否する相手方を警察官が両側から抱え、その抵抗を排して無理にパトカーに乗せ、その横と運転席に警察官２人が座るなどして連行した行為は、実質的逮捕行為に当たる。

高松地決昭43.11.20下刑集10-11-1159

被疑者に対し、警察署まで出頭を促し、これに素直に応じた被疑者の周囲に警察官３名が寄り添って看視し、いつでも携行の逮捕状により逮捕できる態勢をとりながら被疑者を警察署まで連行し、直ちに同警察署２階の取調べ室において、逮捕状を執行した時まで、食事を取らせたほかは、終始被疑者の取調べに当たったという行為は、実質的逮捕行為に当たる。

想定問答　刑訴法における任意同行の態様

Q　刑訴法における任意同行はどのような場合になされるか。

A　刑訴法における任意同行は、

①　被疑者・参考人の地位や立場を考慮して、名誉を侵害しないために行う場合

②　被疑者や参考人をその場で取り調べることが適当ではない場合

③　被疑者に逮捕状が発付されている場合で、

ア　任意の取調べの上で逮捕する予定であるとき

イ　取調べの結果によっては、逮捕する必要がなくなる可能性のあるとき

ウ　その場での逮捕が被疑者やその家族、関係者に多大な心理的衝撃を与えかねないと認められるとき

になされる。

第４章　現行犯逮捕(1)　～現行犯人～

■刑訴法212条１項
現に罪を行い、又は現に罪を行い終つた者を現行犯人とする。
■同法213条
現行犯人は、何人でも、逮捕状なくしてこれを逮捕することができる。

cf. 憲法33条〔逮捕に対する保障〕
犯捜規118条〔逮捕権運用の慎重適正〕、129条〔現行犯人を受け取った場合の手続〕、130条〔司法警察員の処置〕、136条〔逮捕手続書〕

1　被疑者の逮捕

定義　被疑者の逮捕とは、被疑者の身体の自由を拘束し、それを短期間継続する強制処分をいう。

☞　被疑者の逮捕の目的は、逃亡又は罪証隠滅のおそれを防止することである（最大判昭45.9.16民集24-10-1410）。

【刑訴法上の逮捕の要件】

逮捕の種類	逮捕状の必要性	要　　件
通常逮捕（199条１項）	必要（199条１項）	①理由（199条１項）＝相当な理由 ②逮捕の必要性（199条２項、規則143条の３）＝罪証隠滅・逃亡のおそれがある
緊急逮捕（210条）	逮捕時は不要（直ちに請求）（210条１項）	①重大犯罪についての充分な理由（210条） ②急速を要し、逮捕状を求めることができないこと（210条） ③①及び②の告知（210条） ④逮捕の必要性（211条・199条）
現行犯人逮捕（212条１項）	不要（213条）	①犯罪と犯人の現認性（212条１項） ②逮捕の必要性（216条・199条）
準現行犯人逮捕（212条２項）	不要（213条）	①犯罪と犯人の明白性（212条２項） ②１～４号のいずれかに該当すること（212条２項） ③逮捕の必要性（216条・199条）

根拠 憲法33条は、現行犯の場合を除いては、個人の人身の自由を保障するため、捜査の必要性と保護されるべき個人の自由との調整原理を定める。

☞ 人を逮捕するには、原則として、中立・公平な第三者である司法官憲たる裁判官により事前に審査された令状によらなければならない（令状主義の原則）。しかし、現行犯の場合には、犯人と犯罪が明白であることから、令状主義の例外とされる。

2　現行犯人

要　件

1　現行犯人（狭義の）
　①　現に罪を行い、
　②　現に罪を行い終わった者

2　現行犯逮捕の要件
　①　犯罪及び犯人の明白性
　②　犯罪の現行性又は時間的・場所的接着性の明白性
　③　逮捕の必要性

現に罪を行い、又は現に罪を行い終わった者を現行犯人という（刑訴法212条1項)。現行犯人は、だれでも令状なしに逮捕することができる（刑訴法213条）。

現行犯逮捕は、憲法が認める令状主義（憲法33条）の例外である。

POINT　現行犯逮捕が認められる要件

現行犯逮捕は、犯罪と被逮捕者との結び付きが明白で誤認逮捕のおそれがなく（現認性・明白性)、かつ、その機会を逃すと被疑者が逃走し又は証拠破壊のおそれが高い（緊急性）という逮捕の必要性が認められる場合にできる。

(1)　現行犯人の意義

現行犯人は、現に罪を行い、又は現に罪を行い終わった者である。

定義 「現に罪を行い」とは、犯人が犯罪の実行行為を行っている場合をいう。

定義 「現に罪を行い終わった者」とは、犯罪の実行行為を終了した直後の犯人、あるいはそれに極めて近接した段階での犯人をいう。

【現行犯逮捕と準現行犯逮捕の成立過程】

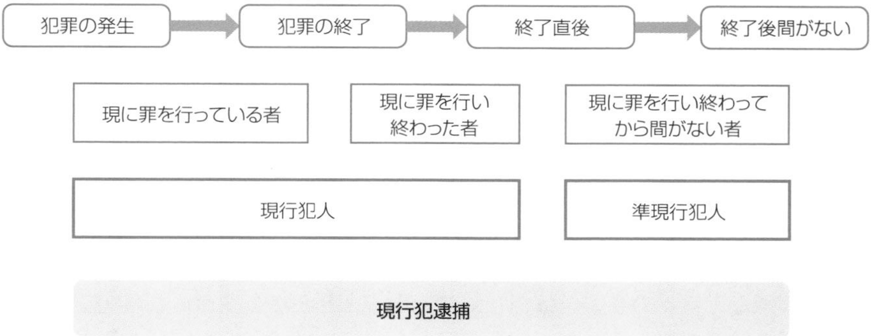

◇主要判例――――「現に罪を行い終わった者」と認めた事例

東京高判平17.11.16東高刑時報56-1～12-85

【事案】 強制わいせつ事件で、犯行終了から約18分経過し、犯行現場からも距離的に相当離れていたが、被害者から携帯電話で痴漢の被害に遭った旨の連絡を受けた父親が、被害者と連絡を取り合い、犯人の人相、風体に関して認識を持つに至ったことから、被害者に協力する形で、被害者に代わって逮捕したもの。

【判旨】 実質的逮捕者は父親と被害者であると認めるのが相当であり、被害者との関係では、逮捕は現に罪を行い終わったとの要件を満たしている。

東京高判平20.5.15判時2050-103

被疑者が道交法違反（信号無視）を犯したことを現認した警察官が、直ちに追尾し、停止線から約144メートル離れた路上で車両を停止させて、運転免許証の提示を求めるなどし、その後、応援要請に応じて臨場した警察官が経緯についての報告を受けるなどした後、本件犯行の約32分後に現行犯逮捕したのは「現に罪を行い終わった者」に当たる。

☞ 現行犯人逮捕の場合、結果が発生している必要はなく、実行行為の全部が終了していなくてもよい。着手未遂も含まれる。

☞ 共犯については、実行行為者が現に罪を行い、又は現に罪を行い終わった者であるだけでなく、共謀者や教唆者、幇助者にも現行犯人性が認められなければならない。

現行犯人といえるためには、

① 「犯罪及び犯人の明白性」

② 「犯罪の現行性」又は「時間的・場所的接着性の明白性」
が認められなければならない。

定義 「犯罪及び犯人の明白性」とは、特定の者が特定の犯罪を行ったことが逮捕者にとって外見上明らかであることをいう。

定義 「犯罪の現行性」又は「時間的・場所的接着性の明白性」とは、その者が特定の犯罪を実行しつつあること（現に罪を行い）、又は特定の犯罪を実行し終わった直後の段階にあること（現に罪を行い終わった）を逮捕者が明白に認識できることをいう。

☞ 時間的接着性は、単に時間だけで判断されるものではなく、時間や場所、犯罪の態様など種々の要素を総合して判断することとなる。おおむね30～40分程度までは適法であろう。もっとも、海上などでは数時間でも時間的接着性を認められることがある（最判昭50.4.3刑集29-4-132）。

☞ 場所的接着性は、一般的に、犯行現場と逮捕場所との距離が近いことが客観的に明らかであることをいうが、見通しや人通りなど周囲の環境によっても異なる。おおむね200～300メートル内までは適法であろう。繁華街などで犯人が路上をうろついている場合と他人の家に入っていった場合とでは異なる。

根拠 「犯罪の現行性」又は「時間的・場所的接着性の明白性」のいずれかが欠けていれば、相手方が特定の犯罪の被疑者であると確信しても、現行犯人として令状なくして逮捕することはできない。

◘主要判例――「現に罪を行い終わった者」に当たるものとした事例

最決昭31.10.25刑集10-10-1439

被疑者が飲酒めいていの上、特殊飲食店の玄関において、女性従業員の胸に強打を加え、さらに、勝手口のガラス戸を破損したことから、現場に急行した警察官が被害者から事情聴取し、被疑者が同店から約20メートル隔てた店にいると聞いて赴き、手にけがをして大声で叫びながら洗足している被疑者を犯行後30～40分を経過して逮捕した場合

最決昭33.6.4刑集12-9-1971

住居侵入の通報を受けた警察官が、すぐ現場に急行し、現場から約30メートル離れたところで被疑者を逮捕した場合

札幌高函館支判昭37.9.11高刑集15-6-503

窃盗の犯行を現認して犯人を追尾した者からの申告で、歩いて約４分強の距離の家へ盗品を持って入ったところを、犯行後二十数分後に逮捕した場合

東京地判昭62.4.9判時1264-143

逮捕するに足りる嫌疑が存在し、逮捕可能な状況にあったものの、誤認逮捕とならないように、犯人を確保して職務質問などを行ったため、現実に逮捕までに時間が経過したような場合にも、それが、確認などに要する合理的時間内であれば、現に罪を行い終わった状況が存続している。

――「現に罪を行い終わった者」に当たらないものとした事例

大阪高判昭40.11.8下刑集7-11-1947

被害者が映画館でわいせつ行為の被害を受けた後、近くの自宅に帰り、夫にその事実を話し、そろって映画館に引き返し、犯人がいまだ館内にいることを確かめて警察に通報し、通報で駆け付けた警察官が、同映画館から出てきた被疑者を被害者の指示により約1時間5分経過した頃、現行犯人として逮捕した場合

大阪高判昭62.9.18判タ660-251

脅迫事件で、被害者が被疑者を恐れているので、被疑者を現場から約250ないし300メートル離れた最寄りの派出所に任意同行するとともに、被害者から詳細な事情を聴取した後、犯行終了から約40分後に、同派出所内において現行犯逮捕した場合

東京地八王子支判平18.3.10判タ1218-314

車内での痴漢行為について、逮捕者である被害者は、痴漢行為を直接目撃せず、臀部を触られたという感触のみで痴漢がなされたものと考え、約16分後に到着した駅のホームで被疑者を逮捕したのは、時間的にも距離的にも接着性に問題がある。

(2) 現行犯人か否かの認定

☞ 現行犯人に該当するかどうかは、逮捕者による犯行の現認だけとは限らない。

POINT 現行犯人の認定方法

現行犯人か否かは、❶逮捕者が直接見聞した犯人や被害者・目撃者の通報内容及び犯行状況、❷証跡等の客観的状況から現行犯人か否かを判断する。また、逮捕者が事前に有する知識・情報と現場の状況とを総合的に考慮することでも足りる。

【現行犯人の認定資料】

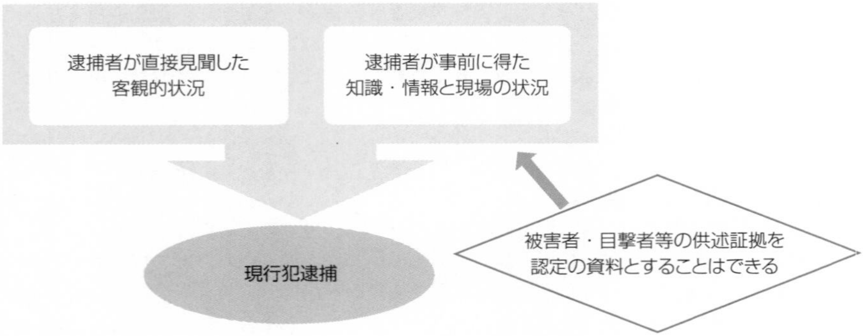

☞ 現行犯人の要件が満たされているかは、逮捕行為開始の時点で要件を具備していれば足りる。逮捕の完了までそれが続いていることは要しない。

☞ 継続犯の場合、例えば、建造物侵入罪では、建造物に侵入し退去するまで継続する犯罪であることから、建造物への侵入時間が判明しなくても、その場から退去しないでいる被疑者を現行犯人として逮捕することができる。

☞ 状態犯の場合、例えば窃盗罪では、既に犯罪（他人の財物を窃取した行為）は行い終わっているが、引き続き占有侵害という違法な状態が継続しているにすぎないので、被害品を所持してその場から立ち去ろうとしている場合には現行犯人として逮捕することはできない。

◇主要判例――現行犯逮捕を適法とした事例

最判昭50.4.3刑集29-4-132

あわびの密漁犯人を現行犯逮捕するため、約30分間密漁船を追跡した者の依頼により約３時間にわたり同船の追跡を継続し、逮捕する場合も、現行犯逮捕に当たる。

東京地決昭48.3.14刑裁月報5-3-370

あらかじめ指定された金員交付場所において被害者と面談中の被疑者を逮捕したことが、被害者の事前の申告内容や逮捕現場での申述及び状況からも、犯罪を推定し得る客観性を備えていたとして、恐喝未遂の現行犯逮捕は適法である。

東京高判昭41.6.28判タ195-125

競馬における呑み行為又は賭博行為のように隠密のうちに行われる犯罪の場合においては、知識を有しない通常人には現行犯であるということは認知できない場合であっても、警察官は、事情の内偵、張込み等によって得た客観的資料に基づく知識によって容易に現行犯の存在を認知し得る場合があるので、このような場合には現行犯逮捕が可能である。

仙台高判平15.10.30高刑速（平15）172

被疑者が居住し複数人が出入りする住宅を捜索して発見した覚醒剤につき、捜索時の覚醒剤が置かれていた状況や被疑者の態度などから、被疑者が所持するものと判断する十分な根拠があるとして、覚醒剤所持の現行犯人として逮捕したことは適法である。

大阪地判平5.3.18判例地方自治115-70

逮捕される直前、デパートの買物客が左肩に掛けていた手提げかごの中から右手で財布を取り出し胸付近まで持ってきたという外形的、客観的にスリに該当する行為を行った者を、警察官が現行犯人として逮捕した行為は適法である。

想定問答　**スリの現行犯人逮捕**

Q　スリの実行の着手を現認したが、確証を得るために既遂を待って現行犯人として逮捕することは許されるか。

A　スリの現行犯人逮捕に当たり、実行の着手を現認しながら、既遂に至るのを待って検挙することは問題がない。同様に、万引きの現場を現認しても、その時点で逮捕することなく、その後、同種の犯行を犯した時点で逮捕することも許される。

3　逮捕の必要性

逮捕の必要がない場合に現行犯人を逮捕することはできない。

☞　逮捕は人身の自由への直接かつ強力な制約であり、被疑者の犯罪が明白であっても、逃亡のおそれや、罪証隠滅のおそれがなければならない。

POINT　**現行犯逮捕における逮捕の必要性**

軽微な犯罪の現行犯の場合を除き（刑訴法217条）、現行犯人であるか否かを認定するに当たって、現行犯逮捕の時点で逮捕の必要性を考慮しなければならないとすることは現実的ではない。

逮捕の必要性は、引致後の司法警察員による留置の必要があるかを判断するに当たって（刑訴法216条、203条１項、犯捜規130条）実質的に要件となろう。

◇主要判例――――逮捕の必要性がないとした事例

東京地判平19.10.16判タ1275-122

【事案】 道交法違反（信号無視）を現認し、パトカーで追跡して停車させた車の運転手が運転免許証の提示を拒み、携帯電話で何者かと通話中であるところを現認した警察官から取扱状況の報告を受けた警察官が、信号無視は道交法７条違反につき、現行犯逮捕ができる犯罪行為であることから、現行犯人と認め現行犯逮捕を行ったもの。

【判旨】 交通取締法令の違反事件は、罪質が比較的軽微であるだけでなく、本件は、反則行為にすぎないのであって現行犯逮捕は逮捕の必要がないとされ違法である。

4 現行犯逮捕の方法

☞ 現行犯逮捕の過程に重大な違法がある場合には、その後になされた勾留請求は却下される。

一般に、被疑者の勾留に先行する逮捕は適法であることが要求され、逮捕手続に重大な違法がある場合には、これに引き続く勾留請求も違法であるとして勾留請求は却下される。

☞ 人の住居等は極めて重要な私的領域であり、令状に基づかない限り、原則として住居に立ち入られない権利が保障されており（憲法35条）、たとえ住居に立ち入らなかったとしても、犯罪の嫌疑に基づいて住居等のドアを解錠することは、それ自体が重大な権利侵害に当たる。

◇主要判例――――現行犯逮捕のための手段が違法とされた事例

東京地決平22.2.25判タ1320-282

【事案】 被疑者を現行犯逮捕するに際し、警察官と入国管理局員らが、臨検許可状あるいは捜索差押許可状等の発付を受け、本件建物に適法に立ち入ることができたのに、不法滞在外国人の稼働場所として把握していた建物に赴いたところ、その裏口ドアが施錠されていたものの、内部に人がいる様子であったため、捜査官らは、建物を管理する不動産業者に対し、建物内に不法滞在中の外国人が居住している疑いがあることを告げて裏口ドアを解錠するよう求め、不動産業者がこれに応じて解錠し、その後、建物内に立ち入って、被疑者を不法残留の現行犯人として逮捕したもの。

【判旨】 不動産業者が本件建物の解錠に応じる意思を持つに至った過程には、捜査官らからの働きかけがあったことが明らかであるから、不動産業者が捜査官らと無関係に建物の裏口ドアを解錠したものとも認められず、捜査官らによる解錠行為は違法であり、勾留請求を却下した原決定が相当性を欠くとはいえない。

第５章　現行犯逮捕(2)　～準現行犯人～

■刑訴法

〔現行犯人〕

第212条〔略〕

② 左の各号の一にあたる者が、罪を行い終つてから間がないと明らかに認められるときは、これを現行犯人とみなす。

(1) 犯人として追呼されているとき。

(2) 贓物又は明らかに犯罪の用に供したと思われる兇器その他の物を所持しているとき。

(3) 身体又は被服に犯罪の顕著な証跡があるとき。

(4) 誰何されて逃走しようとするとき。

1　準現行犯人

要　件

① 犯人が特定の犯罪を行ったことが逮捕者に明らかであること。

② 犯罪を行い終わってから間がないことが逮捕者に明らかであること。

③ 犯人が刑訴法212条２項各号の要件のいずれか一つ以上を充足していること。

a 追呼

b 贓物(ぞうぶつ)や凶器等の物の所持

c 衣服等の証跡

d 誰何(すいか)

④ 逮捕の必要性

(1) 準現行犯人の意義

罪を行い終わってから間がないと明らかに認められる者であって、

① 犯人として追呼されているとき（１号)。

② 贓物又は明らかに犯罪の用に供したと思われる凶器その他の物を所持しているとき（2号）。
③ 身体又は被服に犯罪の顕著な証跡があるとき（3号）。
④ 誰何されて逃走しようとするとき（4号）。
のいずれか一つに当たる者を、準現行犯人という（212条2項）。

(2) 準現行犯人の一般的要件

定義「現行犯人」には該当しないが、犯人と推認できる明白な事由があり、その者が犯行から間がないという時間的な段階にあるときに、現行犯人とみなすものを準現行犯人という。

POINT 準現行犯人の意義

現行犯人に該当しなくても、客観的に犯行後間もない時間で犯人であることが明白な場合は、準現行犯人として逮捕できる。

◇主要判例――準現行犯逮捕を適法とした事例

東京高判平5.4.26判時1461-68

右折禁止違反を犯し、停止を命じた警察官に免許証の提示を拒絶し、警察の取締りを非難し、逃走すべく走り去ったので、警察官は約8キロメートル追尾して停車を命じ、取り調べようとしたところ、同乗者が車を降りてきて、職権濫用だなどとどなって取調べを妨害するので、運転者に対して降車して免許証を提示するよう説得したが、これに応じなかったことから準現行犯逮捕したことは違法でない。

準現行犯人の一般的要件として、
① 犯人が特定の犯罪を行ったことが逮捕者に明らかであること（犯罪と犯人の明白性）
② その犯罪を行い終わってから客観的に間がないこと（時間的接着性）
③ 犯罪を行い終わってから間がないことが逮捕者に明らかであること（時間的接着性の明白性）
がある。

定義「罪を行い終わってから間がない」というのは、犯罪の実行行為の終了時点から時間的に極めて近接した時点をいう。

定義「間がない」といえるかは、時間的な長さのみで判断されるものではない。

刑訴法212条２項各号に定める個別要件の具体的状況などから、事情を総合的に考慮して判断される（通常１時間程度、３～４時間を超えると違法とする裁判例が多い。）（➡「(3)　準現行犯人の個別的要件」38頁を参照）。

☞　一般的要件は、逮捕者の犯行の現認に加えて、被害者や目撃者等からの通報内容や事件の手配内容などを資料として認定することができる。

◆主要判例――――時間的接着性が認められた事例

最決昭42.9.13刑集21-7-904

　犯罪発生直後、現場に急行した警察官が、引き続き犯人を捜索中、犯行後40～50分を経過したところ、現場から約1,100メートルの場所で、犯人と思料される者を発見して逮捕した。

最決平8.1.29刑集50-1-1

　いわゆる内ゲバ事件が発生し、逃走犯人を警戒、検索中の警察官が、犯行現場から直線距離で約４キロメートル離れた派出所で、本件犯行終了後約１時間を経過した頃、犯人と思われる不審者Ａを発見し、職務質問のため停止するよう求めたところ、同人が逃げ出したので、約300メートル追跡して追い付き準現行犯人として逮捕し、また、犯行終了後約１時間40分を経過した頃、犯行現場から直線距離で約４キロメートル離れた路上でＢ及びＣを発見し、職務質問のため停止するよう求めたところ、同人らが小走りに逃げ出したので、数十メートル追跡して追い付き、同人らを本件犯行の準現行犯人として逮捕したのは適法である。

定義　逮捕者にとって「明らかである」ことが必要である（明白性）。

☞　準現行犯人は、犯行直後の現行犯人の場合よりも時間的に経過した状態にあり、場所的にもある程度移動していることもあるので、令状なしで逮捕できるというためには、当該犯人が特定の犯罪を行ったこと及びその犯罪を行い終わってから間がないことが、逮捕者にとって「明らか」でなければならない。

　明白性は、原則として、相手方を犯人と認めたときになければならないが、実務的には、犯人に関する事前の情報があり、その情報と犯人の自供が相まって、準現行犯人と認められる状況があった場合は、逮捕時にあればよいとされる（➡いわゆる「たぐり現行犯人」43頁参照）。

想定問答　警察官の現認がない準現行犯逮捕

Q　準現行犯人を逮捕したのが警察官で、犯行そのものは現認していないという場合、どのように対処すればよいか。

A　被害者が犯行後逮捕時まで連続的に被疑者を現認しているという状況があれば、警察官が犯行そのものを現認していなくても、警察官の逮捕は、準現行犯逮捕といってよい。

しかし、被害者の現認が一時的に途切れているような場合（例えば、被害者が交番に通報して警察官とともに現場に戻ってきて被疑者を発見したような場合）には、犯人の明白性を認めるに足りる客観的事情がない限り、現行犯逮捕の要件を欠くものと判断されるであろう。

☞　警察官が不審者を職務質問したところ、たまたま直前の犯行を自白し、自白どおりの犯罪事実が判明し、所持している物が盗品であることが分かった場合には、準現行犯人と認定することはできない（いわゆる「たぐり現行犯人」）が、被害者からの通報があり、その通報と犯人の自白とにより犯人が盗品を所持していることが確認されたような場合には、準現行犯人と認めてよいであろう。

(3)　準現行犯人の個別的要件

☞　刑訴法212条２項各号は、明白性を推知せしめる事由を類型化したものであるが、その程度は、１号＞２号≒３号＞４号である。

POINT　準現行犯人の要件

準現行犯人として逮捕できるのは、①犯人として追呼されているとき、②贓物又は明らかに犯罪の用に供したと思われる凶器その他の物を所持しているとき、③身体又は被服に犯罪の顕著な証跡があるとき、④誰何されて逃走しようとするときの少なくともいずれかに該当する必要がある。

いずれかに該当しなければ現行犯逮捕はできない。

ア　「犯人として追呼されているとき」（１号）

定義　犯人として追呼されているときとは、犯人であることを明確に認識している者により、犯人として追われ、又は呼び掛けられている状態をいう。追跡又は呼号のいずれかで足りる。

定義　追呼の方法は、声を出す必要はなく、無言の追跡でもよい。

定義　追呼は、被害者に限らず目撃者や第三者であってもよい。

定義　追呼していた逮捕者が犯人を見失って中断した場合には準現行犯人ではなくなる。ただし、一旦見失っても、間もなく発見して再び追呼した場合に、犯人の同一性が客観的に認められるといえれば追呼に当たる。

なお、発見後、誰何されて逃走した場合には４号に当たる。

◘主要判例———追呼の要件についての事例

仙台高判昭44.4.1刑裁月報1-4-353、同旨大阪高判平8.9.26判タ942-129

「犯人として追呼されているとき」とは、その者が犯人であることを明確に認識している者により逮捕を前提とする追跡ないし呼号を受けている場合を意味するものと解されるが、準現行犯逮捕が許されるためには、いうまでもなく、犯人に対する追呼の存在が逮捕者にとって外見上明瞭であることが必要である。

———適法とした事例

東京高判昭46.10.27刑裁月報3-10-1331

追跡者から追跡状況の申告を受けた警察官が、犯人に事実確認をして、犯人から「私がやりました」との自供を得て逮捕する場合も、「犯人として追呼されている」者を逮捕する場合に含まれる。

イ「贓物又は明らかに犯罪の用に供したと思われる兇器その他の物を所持しているとき」（２号）

定義「所持」とは、贓物・凶器その他の物を現に身に着けたり、携帯している場合及びこれに準ずる自己の事実上の支配下に置く状態をいう。

☞　自宅に保管している場合など、単にその支配力を及ぼし得る場所に置いている場合には、「所持」には当たらない。

☞　所持は、逮捕の瞬間まで継続する必要はなく、逮捕者が犯人と認めた時点で所持していれば足りる。

定義「贓物」とは、盗品等、財産犯によって得られた財物をいう。

定義「兇器」とは、人の生命・身体に害を加えるのに用いられる器具類をいう。

定義「その他の物」には、贓物及び凶器以外で犯罪を組成した物、犯罪から生じる物、犯罪から得た物などが含まれる。

例えば、窃盗におけるドライバー等の侵入用具、犯行現場の足跡と一致する靴、偽造に用いた道具や偽造文書・通貨、賭博に用いた賭具などである。

◆主要判例―――適法とした事例
最判昭30.12.16刑集9-14-2791
　２号により現行犯人とみなされるためには、**必ずしも逮捕の瞬間に同号が挙げている物件を所持している必要はなく**、盗品らしいモーターを携えていたため追跡し、これを売却後職務質問した結果、窃盗犯人であることを自白した場合には、準現行犯人といえる。

ウ「身体又は被服に犯罪の顕著な証跡があるとき」（３号）

定義 「身体又は被服に犯罪の顕著な証跡があるとき」とは、身体又は被服に、その犯罪を行ったことが客観的に明らかな痕跡が認められることをいう。

定義 特定の犯罪を行ったことが外部的かつ客観的に明らかと認められるような証跡が、身体又は被服に認められる状態にある場合である。

　例えば、殺人事件や強盗事件の発生直後に、現場付近で負傷したり、着衣が破損したり、返り血と認められる血痕が付着している衣服を着たりしている場合や、放火事件の発生直後に、手足や着衣に石油が染み付いている場合などである。「被服」には、帽子や靴なども含まれる。もっとも、現実に身に着けていることが必要で、血の付いた衣服を自室に隠しているというような場合は当たらない。

定義 この証跡は、被害者・目撃者の言動や現場における諸般の状況などから判断して、逮捕者にとって明らかなものでなければならない。

☞ 人相や着衣又は身体的特徴が似ているというだけでは証跡には当たらない。

◆主要判例―――適法とした事例
東京地判昭42.7.14下刑集9-7-872
　窃盗犯人がケーブル線をカッターナイフで切断して窃取した際、誤って自分の腕に傷を負って逃走したことが明らかな場合、「身体に犯罪の顕著な証跡があるとき」に当たる。

名古屋高判平元.1.18判タ696-229
　酒気帯び運転で負傷し、病院に運ばれた被疑者について、病院に駆け付けた警察官が呼気１リットルにつき0.35ミリグラムのアルコール量を検出し、運転から約52分後に逮捕したのは、刑訴法212条２項３号の「身体に犯罪の顕著な証跡があるとき」に当たる。

エ　「誰何されて逃走しようとするとき」（4号）

「誰何されて逃走しようとするとき」とは、「誰か」と問われて逃げ出す場合が典型的であるが、それに限らず、警察官の姿を見て逃げ出した場合も含まれる。

定義「誰何」とは、犯人として誰何される必要はない。また、私人による誰何も含まれる。

定義「逃走しようとするとき」とは、逃走しようとする様子が認められた場合をいう。

☞　誰何というだけでは罪と犯人とを結び付けるものが乏しい。

☞「誰何されて逃走しようとするとき」に該当するには、1号～3号以上に罪を行い終わってから間がないと明らかに認められることが求められる（大阪高判平8.9.26判タ942-129）。

◆主要判例―――適法とした事例

最決昭42.9.13刑集21-7-904

警察官が犯人と思われる者を懐中電灯で照らし、警笛を鳴らしたのに対し、相手方が警察官と知って逃走しようとしたときは、「誰何されて逃走しようとするとき」に当たる。

最決平8.1.29刑集50-1-1

内ゲバ事件の発生の情報を受けて、警察官が逃走犯人を警戒、検索中に、事件発生から1時間40分後に、現場から約4キロメール離れた場所で、逃走犯人と思われる者を発見し、声をかけたところ逃走したので追い付いて逮捕した。

【準現行犯逮捕の適法性判断に影響する事情】

△……準現行犯逮捕が適法と認められる方向に働く例
▼……準現行犯逮捕が違法と認められる方向に働く例

要件		具体例
刑訴法212条2項各号のいずれかに当たること	犯人として追呼されているとき（1号）	△　警察官や目撃者など、その者が犯人であることを明確に認識している者によって、犯人として、追跡又は呼称（「泥棒、泥棒」と呼ぶなど）されている。 △　犯罪終了後から継続して追呼されている。 ▼　追呼が中断している。長時間見失っている。
	贓物又は明らかに犯罪の用に供したと思われる兇器その他の物を所持しているとき（2号）	△　物と犯罪との結び付きが客観的に明らかである。 △　腕に籠手を装着していた（判例）。

	身体又は被服に犯罪の顕著な証跡があるとき（3号）	△　乱闘事件につき被服に血痕が認められる。 △　酒気帯び運転事件につき酒臭が認められる。 △　放火事件につき手や衣服に灯油が染み付いている。
	誰何されて逃走しようとするとき（4号）	△　職務質問のため停止するよう求めた、あるいは警笛を鳴らしたところ、警察官と気付いて逃走した。 △　職務質問をしたところ、警察官に殴りかかる等の抵抗に及んだ。 ※　この場合、犯人性の重大な徴表が認められるとして、「誰何・逃走」に当たらなくとも、本号該当性が柔軟に認められる。 ▼　職務質問に素直に応じた。 ※　なお、4号該当性は、1号～3号に比べて犯人性の徴表として弱いので、時間的・場所的接着性がより強く要求される。
罪を行い終わってから間がないと明らかに求められるとき		△　犯罪終了後、3～4時間以内である。 ※　実務上の相場。場所的接着性も間接的に考慮するほか、事案により限界が異なる点に注意。
逮捕の必要性		▼　逃亡及び罪証隠滅のおそれが認められない。

2　準現行犯逮捕に該当するか否かの判断

準現行犯人に該当するかは、個別的要件の該当性を検討の上、一般的要件を検討する。

個別的要件

①　犯人として追呼されているとき
②　贓物又は明らかに犯罪の用に供したと思われる兇器その他の物を所持しているとき
③　身体又は被服に犯罪の顕著な証跡があるとき
④　誰何されて逃走しようとするとき

↓

個別的要件

①　犯罪と犯人の明白性
②　時間的接着性
③　時間的接着性の明白性
④　個別的要件のいずれかを充足していることが外観上認識できること

☞　準現行犯人としての要件を具備するか否かは、固有の現行犯人の場合と同様に、逮捕に着手する直前に具備していることが必要であり、逮捕完了まで継続していなくても足りる。

3　いわゆる「たぐり捜査」による現行犯人の逮捕の可否

定義「たぐり現行犯人」とは、警察官が、犯罪の発生を認知していないのに職務質問したところ、犯人が犯行を自供し、その裏付けを取った結果、自供どおりの犯罪が付近で発生していたことが判明した場合に、現行犯人として逮捕することをいう。

【犯人から犯罪を確認する捜査】

☞　いわゆる「たぐり現行犯人」は、警察官において当初から「犯罪と犯人の明白性」を認識していたとはいえないので、現行犯人・準現行犯人として逮捕することはできない。

☞　この場合は、緊急逮捕の要件が具備される場合であれば、緊急逮捕手続によるべきである（東京地決昭42.11.9判タ213-204）。

　したがって、被害者が犯人を追跡している状況で、警察官が犯人に追いつき、同人に事実確認をしたところ犯行を認めた場合のように、犯罪の発生を認知している警察官が犯人の自供により現行犯逮捕するのは「たぐり現行犯人」ではない。

第６章　現行犯逮捕の手続

■刑訴法

〔現行犯逮捕〕

第213条　現行犯人は、何人でも、逮捕状なくしてこれを逮捕することができる。

〔現行犯人を受け取った司法巡査の手続〕

第215条　司法巡査は、現行犯人を受け取つたときは、速やかにこれを司法警察員に引致しなければならない。

②　司法巡査は、犯人を受け取つた場合には、逮捕者の氏名、住居及び逮捕の事由を聴き取らなければならない。必要があるときは、逮捕者に対しともに官公署に行くことを求めることができる。

cf. 犯捜規129条〔現行犯人を受け取った場合の手続〕

1　現行犯人・準現行犯人の逮捕

警察官は、いかなる地域においても、刑訴法に規定する現行犯人・準現行犯人の逮捕に関して、警察官としての職権を行使することができる（警察法65条）。

一般司法警察職員としての警察官には、職権行使に当たって土地管轄の制約があるが、現行犯逮捕については、どこの地域においても、警察官としての職権を行使することができる。

☞　現行犯人は私人でも逮捕できるものの捜索等はできないが、警察官による現行犯逮捕の場合には、警察法65条により、地域的な限定なく現行犯逮捕に伴う捜索等を行うことができる。

定義　現行犯逮捕は、現行犯人に該当する者の身柄を拘束した状態に置くことで足りる。手錠などを使用することは要しない。

☞　逮捕する旨の告知や、被疑事実の告知は必要ない。

現行犯逮捕をする際に現行犯人から抵抗を受けたときは、逮捕者は社会通念上逮捕のため必要かつ相当と認められる限度内での実力行使が許される（最判昭50.4.3刑集29-4-132）。

◆主要判例———適法とした事例

横浜地判平4.3.3判タ796-120

警察官が、指定方向外進行禁止に違反した車両を現認し停車を求めるなどしたところ、これを無視して走行し、停車後も車内から出ることなく免許証の提示を拒み、抵抗するなどしたことから警察官が被疑者の右手首をつかんで降車を促し、降車した被疑者を現行犯逮捕しようとしたところ、同乗者が警察官に対し実力で逮捕を妨害しようとしたため、警察官が同乗者に大外刈りをかけたなどの一連の事情について、社会通念上逮捕行為に対する妨害を排除するために必要かつ相当な範囲内のものと認めることができる。

———違法とした事例

最決平11.2.17刑集53-2-64

銃刀法違反及び公務執行妨害罪の現行犯人に対する２回にわたる警察官の発砲行為について、犯人を逮捕し、自己を防護するために行われたものではあるが、犯人の所持していたナイフが比較的小型である上、犯人の抵抗の態様も一貫して警察官の接近を阻もうとするにとどまるものであり、警察官が接近しない限りは積極的加害行為に出たり、付近住民に危害を加えたりするなど他の犯罪行為に出ることをうかがわせるような客観的状況は全くなかったと認められ、逮捕行為を一時中断し、相勤の警察官の到着を待ってその協力を得て逮捕行為に出るなど他の手段を採ることも十分可能であったので、発砲行為は違法である。

☞ 現行犯逮捕に限らないが、逮捕を行うに当たっては、感情にとらわれることなく、沈着冷静を保持するとともに、必要な限度を超えて実力を行使することがないように注意しなければならない（犯捜規126条１項）。

☞ 逮捕した被疑者が逃亡し、自殺し、又は暴行する等のおそれがある場合において必要があるときは、確実に手錠を使用しなければならない（犯捜規127条１項）。

☞ 逮捕した被疑者を連行し、又は護送するに当たっては、被疑者が逃亡し、罪証を隠滅し、自殺し、又はこれを奪取されることのないように注意しなければならない（犯捜規128条１項）。

☞ 複数の被疑者を同一の機会に現行犯逮捕した場合には、被疑者ごとに現行犯人逮捕手続書（甲）（司法警察職員捜査書類基本書式例様式第17号）を作成しておく。

POINT　公務執行妨害罪（刑法95条１項との関係）

適法な職務質問に際して相手方が暴行に及べば公務執行妨害罪が成立するので、現行犯逮捕ができる。

この場合、現行犯人逮捕手続書（甲）を作成する。

2　私人による現行犯逮捕

■**刑訴法**

〔私人による現行犯逮捕と被逮捕者の引渡し〕

第214条　検察官、検察事務官及び司法警察職員以外の者は、現行犯人を逮捕したときは、直ちにこれを地方検察庁若しくは区検察庁の検察官又は司法警察職員に引き渡さなければならない。

何人でも、現行犯人の逮捕ができるので、私人も現行犯逮捕できる。

☞　私人による現行犯逮捕が認められているのは、犯罪と犯人が明白であり、誤認逮捕のおそれがないからである。

☞　私人が現行犯人を逮捕したときは、「直ちに」司法警察職員に引き渡さなければならない（刑訴法214条）。

☞　現行犯人を受け取った警察官が司法巡査であるときは、速やかにこれを司法警察員に引致しなければならない（刑訴法215条１項、犯捜規129条２項）。

☞　引致するために連行する警察官は、逮捕をした司法巡査である必要はない。

☞　司法警察員が自ら逮捕した場合又は私人逮捕の現行犯人を受け取った場合には、引致の手続は必要ない。

☞　司法巡査が現行犯人を受け取った場合に、必要があるときは、逮捕者に対し、ともに官公署（警察署等）に行くことを求めることができる（刑訴法215条２項）。あくまで同行要求であって強制することはできない。

☞　引渡しを受けた司法警察員は、逮捕者の氏名、住所及び逮捕の事由を聞き取らなければならない（犯捜規129条１項）。

なお、私人が逮捕した場合、自ら逮捕した犯人を取り調べる権限はなく、留置することもできない。

◆主要判例――逮捕手続が違法とされた場合

東京高判昭55.10.7刑裁月報12-10-1101

私人が現行犯人を逮捕した後、警察官に引き渡すことなく拘束を続けたことについて、監禁罪が成立する。

想定問答　私人が犯罪事実を誤認して現行犯逮捕した場合の逮捕行為の適法性

Q　Xは、深夜、宝石店のビル２階の廊下をうろついているところ、A警備員から「誰だ」と誰何されて１階まで逃走したところ、窃盗犯人と思ったB警備員に窃盗未遂の事実で現行犯逮捕された。しかし、Xは何も所持しておらず、いまだ窃盗行為に着手する前にAから誰何されたという状況であった。

この事案で、逮捕行為は適法か。

A　本問は、私人が犯罪事実を誤認して現行犯逮捕した場合の逮捕行為の適法性が問題となる。

そもそも、私人にも逮捕権を与えているのは、客観的に見て、犯罪と犯人が明白であることから誤認逮捕のおそれがなく、また、急速な逮捕の必要性が高いからである。

したがって、私人による現行犯逮捕の場合の実力行使の程度は、逮捕の職責を有する捜査機関に要求されるほどの節度は要求されず（東京高判昭37.2.20下刑集4-1=2-31）、また、必ずしも、いかなる刑罰法規に該当するかという正確な擬律判断まで求められていない（東京地決昭48.2.15刑裁月報5-2-182）。

本問において、建造物侵入罪が成立するのは問題がないであろうが、窃盗未遂まではいまだ成立したとはいえない。Bは窃盗未遂と誤認して現行犯逮捕しているが、Xは、逮捕時において、建造物侵入罪の現行犯人としての要件を満たしている者であることから、Bが罪名を誤信したとしても、逮捕の適法性が失われるものではないと解される。

なお、この場合、現行犯人逮捕手続書（乙）には、A警備員が建造物侵入を現認し、追跡を開始（すなわち逮捕に着手）した状況や、それを聞きつけXを取り押さえたBから聴取した状況を記載し、逮捕者をA及びB両名として、「逮捕者A及びBは被疑者を建造物侵入罪の現行犯人と認めたものである。」と記載すべきであろう。

☞　私人の現行犯逮捕に際して、逮捕の現場での捜索・差押えはできない。また私人は逮捕するために他人の住居に侵入することが認められていない（名古屋高判昭26.3.3高刑集4-2-148）。

☞　私人が傷害事件の犯人を現行犯逮捕した際、犯人から取り上げた凶器を私人から任意提出を受けて領置することができる。

3　軽微な犯罪の現行犯逮捕

> **■刑訴法**
> **〔軽微な事件の現行犯逮捕〕**
> **第217条**　30万円（刑法、暴力行為等処罰に関する法律及び経済関係罰則の整備に関する法律の罪以外の罪については、当分の間、２万円）以下の罰金、拘留又は科料に当たる罪の現行犯については、犯人の住居若しくは氏名が明らかでない場合又は犯人が逃亡するおそれがある場合に限り、第213条から前条までの規定を適用する。

軽微な犯罪の現行犯については、犯人の住居若しくは氏名が明らかでない場合又は犯人が逃亡するおそれがある場合に限り、逮捕することができる（刑訴法217条）。

☞　刑訴法217条は、軽微な犯罪について逮捕の必要性（逃亡のおそれ又は罪証隠滅のおそれ）の推定を認めず、現行犯逮捕に①犯人の住居若しくは氏名が明らかでない場合又は②犯人が逃亡するおそれがある場合を加重要件として定めたものである。

定義「軽微な犯罪」とは、30万円（刑法、暴力行為等処罰に関する法律及び経済関係罰則の整備に関する法律の罪以外の罪については、当分の間、２万円）以下の罰金、拘留又は科料に当たる罪をいう。

☞　軽微な犯罪に該当するかは、逮捕時の罪名の法定刑を基準とし、共犯の場合には正犯の法定刑を基準とする。

【主要な軽微な犯罪】

	罰　条	罪　名	法定刑
刑　法	122条前段	過失建造物等浸害罪	20万円以下の罰金
	122条後段	過失建造物等以外浸害罪	
	129条１項	過失往来危険罪	30万円以下の罰金
	152条	偽造・変造通貨収得後知情行使罪、偽造・変造通貨収得後知情交付罪	その額面価格の３倍以下の罰金又は科料

	187条３項	富くじ授受罪	20万円以下の罰金又は科料
	192条	変死者密葬罪	10万円以下の罰金又は科料
	209条１項	過失傷害罪	30万円以下の罰金又は科料
	231条	侮辱罪	拘留又は科料
軽犯罪法	１条１号〜34号	建造物潜伏罪ほか	拘留又は科料（情状により併科可）
酒に酔つて公衆に迷惑をかける行為の防止等に関する法律	４条１項	著しく粗野又は乱暴な言動の罪	拘留又は科料（情状により併科可）
	５条２項	警察官の制止行為に従わない罪	１万円〔２万円〕以下の罰金

POINT　私人による軽微犯罪の現行犯人逮捕

私人による現行犯逮捕の場合も刑訴法217条の適用はあるので、軽微な犯罪については、同条に規定する要件に当たらない限り、私人といえどもその現行犯人を逮捕することは許されない。

☞　逮捕後の要件となる事由が消滅した場合には、身柄を拘束することはできないので釈放する。

◇主要判例――現行犯逮捕を適法とした事例

京都地判平3.6.4判タ779-132

制限速度違反で停車させられた者が警察官に運転免許証を交付したものの、暴言を吐いたり取調べに応じず、エンジンをかけたままの状態にした車に戻り、速やかに下車しないなど、逃亡目的に出た行動と解されてもやむを得ない態度であったことから、現行犯逮捕を適法とした。

東京地判昭62.4.9判タ676-269

駅構内でビラを配布しているとの通報を受けた警察官が同駅構内に急行し、職務質問を開始し、駅構内にある派出所に同行を求めた上、ビラ所持の有無やビラ配布についての駅管理者の許可の有無の確認、また、ビラの配布を受けた者による被疑者らの面通しなどを行い、警察官が通報を受けてから約１時間十数分経過した後に建造物侵入罪の現行犯人として逮捕したという事案につき、現行犯人逮捕手続は適法である。

第７章　緊急逮捕

■刑訴法

〔緊急逮捕〕

第210条　検察官、検察事務官又は司法警察職員は、死刑又は無期若しくは長期３年以上の懲役若しくは禁錮にあたる罪を犯したことを疑うに足りる充分な理由がある場合で、急速を要し、裁判官の逮捕状を求めることができないときは、その理由を告げて被疑者を逮捕することができる。この場合には、直ちに裁判官の逮捕状を求める手続をしなければならない。逮捕状が発せられないときは、直ちに被疑者を釈放しなければならない。

②　第200条の規定は、前項の逮捕状についてこれを準用する。

cf. 憲法33条〔逮捕に対する保障〕

犯捜規120条〔緊急逮捕状の請求〕、122条〔逮捕状請求の疎明資料〕

要　件

①　司法警察職員

緊急逮捕の実体要件

②　死刑又は無期若しくは長期３年以上の懲役若しくは禁錮に当たる罪

③　罪を犯したことを疑うに足りる充分な理由

④　急速を要し、裁判官の逮捕状を求めることができないとき

緊急逮捕後の手続要件

⑤　理由を告げて被疑者を逮捕すること

⑥　逮捕後、直ちに裁判官の逮捕状を求める手続をすること

1　緊急逮捕の意義

緊急逮捕は、一定の重大犯罪に当たる罪を犯したことを疑うに足りる充分な理由がある場合で、急速を要し、裁判官の逮捕状の発付を待っていたのでは、その目的を達し得ないときに、逮捕の理由を被疑者に告げて身柄を拘束する逮捕手続

である（刑訴法210条１項）。

根拠　重大な犯罪について、被疑者が犯人であることが明らかであっても身柄拘束には事前の令状がなければならないとすれば、逮捕状発付手続をしている間に被疑者が逃亡して、逮捕が極めて困難となる場合もあり得るからである。

POINT　緊急逮捕の性質

緊急逮捕は、重大な犯罪について、現行犯逮捕することができず、通常逮捕する時間的余裕がない場合にする逮捕である。

【緊急逮捕の要件】

実体的要件	重大な犯罪	死刑又は無期若しくは長期3年以上の懲役若しくは禁錮に当たる罪
	逮捕の理由	罪を犯したことを疑うに足りる充分な理由
	逮捕の緊急性	急速を要し、裁判官の逮捕状を求めることができない
	逮捕の必要	逃亡のおそれ　又は　罪証隠滅のおそれ
手続的要件	逮捕状に理由の告知	罪を犯したことを疑うに足りる充分な理由
		急速を要し、裁判官の逮捕状を求めることができない理由
	逮捕状の請求	逮捕直後の令状請求
	逮捕状の発付	裁判官による審査による逮捕状の発付

☞　緊急逮捕では、被疑者の身柄拘束時に、いまだ裁判官による司法審査を受けていないので、**逮捕後直ちに緊急逮捕状を求める手続をしなければならない**（刑訴法210条１項中段）。深夜に逮捕したとして翌日に請求することは、原則として許されない。

緊急逮捕状が発せられないときは、直ちに被疑者を釈放しなければならない（刑訴法210条１項後段）。

Column

緊急逮捕の合憲性

憲法33条は、現行犯として逮捕される場合を除いては、逮捕は、権限を有する司法官憲が発する令状によらなければ、逮捕されないとする。そこで、身柄拘束時に令状がいまだ発せられていない緊急逮捕は合憲かが問題となる。

罪状の重い一定の犯罪のみについて、緊急やむを得ない場合に限り、逮捕後直ちに裁判官の審査を受けて逮捕状の発行を求めることを条件として、被疑者の逮捕を認めることは、憲法33条の趣旨に反するものではない（最大判昭30.12.14刑集9-13-2760)。

2　緊急逮捕の要件

(1)　緊急逮捕の主体

緊急逮捕ができるのは、司法警察職員である。

現行犯逮捕とは異なり、私人は緊急逮捕できない。

(2)　「死刑又は無期若しくは長期３年以上の懲役若しくは禁錮にあたる罪」

「死刑又は無期若しくは長期３年以上〔３年を含む。〕の懲役若しくは禁錮にあたる罪」に該当するか否かについての判断は、**法定刑**を基準として判断される。

POINT　罪の基準は法定刑

「死刑又は無期若しくは長期３年以上の懲役若しくは禁錮にあたる罪」は、処断刑（法定刑に法律上及び裁判上の加重減軽を加えたものをいい、具体的な処断の範囲を画するもの）や、宣告刑（処断刑の範囲内で、刑の量定を行い、裁判所によって具体的に被告人に宣告される刑）ではないことに留意する必要がある。

併合罪関係にある個々の罪の法定刑は緊急逮捕の要件を満たしていないが、処断刑としてはこの要件を満たしている場合であっても、この要件には該当しない。

公務執行妨害罪（刑法95条１項）や住居侵入罪（同法130条）のように、「３年以下の懲役……又は……以下の罰金に処する」というような懲役と罰金の選択刑の場合も含まれる。

また、「死刑又は無期若しくは長期３年以上の懲役若しくは禁錮にあたる罪」の従犯（幇助犯）や教唆犯も、緊急逮捕の要件を備えていれば緊急逮捕することができる。

【緊急逮捕できる主な罪名・罰条一覧表】

（令和３年３月１日現在）

刑法		
罪名	罰条	法定刑
公務執行妨害	95条１項	３年以下の懲役若しくは禁錮 又は50万円以下の罰金
加重逃走	98条	３月以上５年以下の懲役
犯人蔵匿等	103条	３年以下の懲役 又は30万円以下の罰金
証拠隠滅等	104条	３年以下の懲役 又は30万円以下の罰金
現住建造物等放火	108条	死刑又は無期若しくは５年以上の懲役
非現住建造物等放火	109条１項	２年以上の有期懲役
建造物等以外放火	110条１項	１年以上10年以下の懲役
往来妨害致傷	124条２項	15年以下の懲役 又は50万円以下の罰金
往来妨害致死	124条２項	３年以上の有期懲役
住居侵入	130条前段	３年以下の懲役 又は10万円以下の罰金
住居不退去	130条後段	
通貨偽造・変造	148条１項	無期又は３年以上の懲役
偽造・変造通貨行使	148条２項	
有価証券偽造・変造	162条１項	３月以上10年以下の懲役
強制わいせつ	176条前段・後段	６月以上10年以下の懲役
強制性交等	177条前段・後段	５年以上の有期懲役
監護者わいせつ	179条１項	６月以上10年以下の懲役
監護者性交等	179条２項	５年以上の有期懲役
常習賭博	186条１項	３年以下の懲役
死体遺棄	190条	３年以下の懲役
単純収賄	197条１項前段	５年以下の懲役
殺人	199条	死刑又は無期若しくは５年以上の懲役
殺人未遂	203条（199条）	死刑又は無期若しくは５年以上の懲役
自殺教唆・幇助	202条前段	６月以上７年以下の懲役又は禁錮
自殺教唆・幇助未遂	203条（202条）	６月以上７年以下の懲役又は禁錮
傷害	204条	15年以下の懲役 又は50万円以下の罰金

刑　法		
罪　名	罰　条	法定刑
傷害致死	205条	３年以上の有期懲役
業務上過失傷害 業務上過失致死	211条前段	５年以下の懲役若しくは禁錮 又は100万円以下の罰金
重過失傷害 重過失致死	211条後段	５年以下の懲役若しくは禁錮 又は100万円以下の罰金
保護責任者遺棄	218条	３月以上５年以下の懲役
遺棄致傷	219条（217条）	15年以下の懲役
遺棄致死	219条（217条）	３年以上の有期懲役
保護責任者遺棄致傷	219条（218条）	３月以上15年以下の懲役
保護責任者遺棄致死	219条（218条）	３年以上の有期懲役
名誉毀損	230条１項	３年以下の懲役若しくは禁錮 又は50万円以下の罰金
威力業務妨害	234条（233条）	３年以下の懲役 又は50万円以下の罰金
電子計算機損壊等業務妨害	234条の２	５年以下の懲役 又は100万円以下の罰金
窃盗	235条	10年以下の懲役 又は50万円以下の罰金
不動産侵奪	235条の２	10年以下の懲役
強盗	236条１項（２項）	５年以上の有期懲役
事後強盗	238条（236条１項・２項）	５年以上の有期懲役
昏酔強盗	239条	５年以上の有期懲役
強盗致傷	240条前段	無期又は６年以上の懲役
強盗致死	240条後段	死刑又は無期懲役
強盗・強制性交等	241条１項	無期又は７年以上の懲役
詐欺	246条１項（２項）	10年以下の懲役
電子計算機使用詐欺	246条の２	10年以下の懲役
恐喝	249条１項（２項）	10年以下の懲役
横領	252条１項（２項）	５年以下の懲役
業務上横領	253条	10年以下の懲役
盗品等無償譲受け	256条１項	３年以下の懲役
盗品等有償譲受け	256条２項	10年以下の懲役及び50万円以下の罰金
公用文書毀棄 公電磁的記録毀棄	258条	３月以上７年以下の懲役

刑　　法		
罪　　名	罰　　条	法 定 刑
建造物損壊	260条前段	５年以下の懲役
器物損壊	261条	３年以下の懲役又は30万円以下の罰金若しくは科料

特　　別　　法		
罪　　名	罰　　条	法 定 刑
暴力行為等処罰に関する法律		
集団的暴行・脅迫・器物損壊等	１条	３年以下の懲役 又は30万円以下の罰金
盗犯等の防止及び処分に関する法律		
常習特殊・累犯窃盗	２条、３条	３年以上の有期懲役（窃盗罪）
覚醒剤取締法		
覚醒剤の所持等（単純犯）	41条の２第１項	10年以下の懲役
覚醒剤の使用等（単純犯）	41条の３第１項１～４号	10年以下の懲役
大麻取締法		
大麻の所持等（単純犯）	24条の２第１項	５年以下の懲役
銃砲刀剣類所持等取締法		
けん銃等所持	31条の３第１項前段	１年以上10年以下の懲役
けん銃実包所持	31条の８	５年以下の懲役 又は200万円以下の罰金
銃砲刀剣類不法所持	31条の16第１項１号	３年以下の懲役 又は50万円以下の罰金
道路交通法		
酒気帯び運転	117条の２の２第３号（65条１項）	３年以下の懲役 又は50万円以下の罰金
車両等提供（酒気帯び状態）	117条の２の２第４号（65条２項）	
酒類提供（酒酔い状態）	117条の２の２第５号（65条３項）	
同乗（酒酔い状態）	117条の２の２第６号（65条４項）	
自動車の運転により人を死傷させる行為等の処罰に関する法律		
危険運転致傷	２条	15年以下の懲役（無免許加重（３号を除く）：６月以上の有期懲役（６条１項））
危険運転致死		１年以上の有期懲役

特別法		
罪　名	罰　条	法定刑
危険運転致傷	３条１項・２項	12年以下の懲役（無免許加重：15年以下の懲役（６条２項））
危険運転致死		15年以下の懲役（無免許加重：６月以上の有期懲役（６条２項））
過失運転致死傷	５条	７年以下の懲役若しくは禁錮又は100万円以下の罰金（無免許加重：10年以下の懲役（６条４項））
出入国管理及び難民認定法		
不法入国	70条１項１号	３年以下の懲役若しくは禁錮若しくは300万円以下の罰金、又はその懲役若しくは禁錮及び罰金を併科
不法上陸	70条１項２号	
資格外活動	70条１項４号	
不法残留	70条１項５号	
不法就労助長	73条の２第１項１～３号	３年以下の懲役若しくは300万円以下の罰金、又はこれを併科

■緊急逮捕できない主な刑法犯

- ●往来妨害（124条１項：２年以下、20万円以下）
- ●公然わいせつ（174条：６月以下・30万円以下、拘留・科料）
- ●わいせつ物頒布等（175条：２年以下・250万円以下・科料、併科）
- ●殺人予備（201条：２年以下）
- ●暴行（208条：２年以下・30万円以下、拘留・科料）
- ●侮辱（231条：拘留、科料）
- ●強盗予備（237条：２年以下）
- ●遺失物等横領（254条：１年以下、10万円以下・科料）

想定問答　緊急逮捕の要件を満たす犯罪と満たさない犯罪が同時にある場合

Q「Ｘは、ピッキング用具を使用してマンションの一室のドアを開錠しようとしていたところを住人Ａに発見されて逃走した。通報で駆け付けた警察官は、現場付近の路上でＸを見つけ、職務質問し、所持品検査をした結果、ピッキング用具を発見した。その後、Ａに確認を求めたところ、Ｘがマンションに侵入した男に間違いないとの供述を得た。」という事案で、Ｘを住居侵入罪（刑法130条）と、特殊開錠用具の所持の禁止等に関する法律３条（特殊開錠用具の所持の禁止）違反で緊急逮捕することはできるか。

A 住居侵入罪の法定刑は、３年以下の懲役又は10万円以下の罰金なので、緊急逮捕の要件を満たすが、特殊開錠用具の所持の禁止等に関する法律３条違反の法定刑は、１年以下の懲役又は50万円以下の罰金（同法16条）であり、緊急逮捕の要件を満たさない。

緊急逮捕の要件を満たす犯罪と、その要件を満たさない犯罪とを併せて緊急逮捕しても、一つの罪が要件を満たしていれば差し支えないようにも思われる。しかし、両者を合わせて被疑者を緊急逮捕できたとしても、緊急逮捕状請求段階で緊急逮捕の重大性の要件を満たさない罪を除いて令状請求することはできないので、両被疑事実で請求することになる。この場合、裁判官は、犯罪事実を単位として事後的に司法審査をすることになるので、緊急逮捕の重大性の要件を満たさない罪については却下して令状を発付する。

(3) 「罪を犯したことを疑うに足りる充分な理由」

定義 「充分な理由」は、通常逮捕の「相当な理由」よりも嫌疑の程度が高いことをいう。

☞ 現行犯逮捕のように、犯罪の成立が客観的に明白であるという必要はないし、また、直ちに起訴できる程度の嫌疑も必要ではない。

☞ 「充分な理由」は、個々の事案において、被疑事実の存在と時間的・場所的関係、被疑者の言動、凶器の所持、盗品等の傾向、被害者・目撃者その他参考人の供述、被疑者の供述等の事情を総合して判断する。

POINT 充分な理由が認められる主な場合

❶ 被疑者の犯行状況の供述と被害者の被害状況の供述とが一致している。

❷ 被疑者の人着が通報内容とほぼ一致しており、明らかに被害品と思われるものを所持していた。

❸ 被疑者が犯行を自供した後、凶器を投棄したとして案内した場所から、被疑者の指示したとおり凶器が発見された。

☞ 被疑者が否認していても、客観的な事情や目撃者と被害者の供述が一致していたり、共犯者の供述から被疑者が犯人で当該犯罪を行ったと確信を抱くことができれば緊急逮捕することもできる。

※ 被疑者の自供だけでは充分な理由があるとはいえないので、他に証拠がない場合には緊急逮捕は許されない。例えば、職務質問に際し、不審者が所持している物を「盗んできた」と自供しても、被害事実が確認できない場合には「充分な理由」があるとはいえない。

【手続の流れと嫌疑の程度】

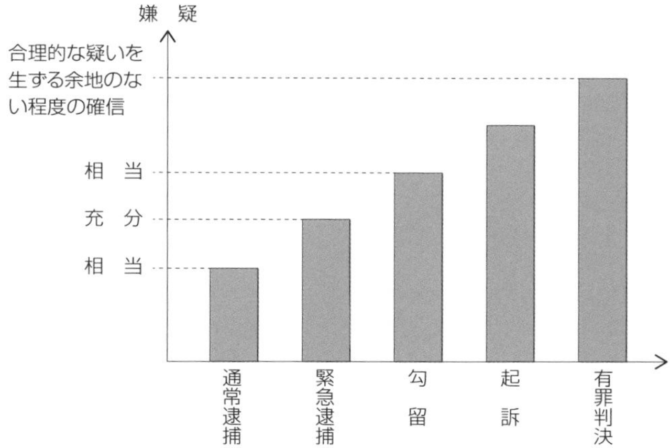

◇主要判例――充分な理由があるとした事例

最判昭32.5.28刑集11-5-1548

集団暴行犯人の住所、氏名を知ることができず、各人ごとに人相、体格等の特徴を具体的に表示できなくても、犯人を確認、追尾した司法警察職員が、群衆中に混在する犯人を容貌等により識別できる以上、被疑者が罪を犯したことを疑うに足りる充分な理由があるものとして緊急逮捕をすることを妨げるものではない。

(4) 急速を要し、裁判官の逮捕状を求めることができないとき（緊急性）

緊急逮捕は、通常逮捕によったのでは被疑者が逃亡し、又は罪証隠滅のおそれがある場合に身柄確保の必要性があるときに行うことができる。

緊急性とは、

① 被疑者が逃走し、又は罪証隠滅する可能性が高いこと

② 逮捕状請求の時間的余裕がないこと

をいう。

①は、通常逮捕における「逮捕の必要」より逮捕の必要性が高度なものでなければならない。緊急逮捕は、身柄拘束の時点では令状なく被疑者を逮捕することができるものであることから、被疑者の人身の自由への配慮が求められるからである。

②は、裁判官に通常逮捕状を請求していたのでは、被疑者が逃亡したり、証拠を隠滅したりするなどして逮捕の目的を達することができなくなる場合である。

緊急性は、被疑者の年齢・境遇、犯罪の軽重・態様などから判断される。

◇主要判例――緊急性を認めた事例

最判昭32.5.28刑集11-5-1548

集団暴行犯人が多数の者と共に団体結成の大会を開き、逮捕に備えて態勢を整えている場合に、警察当局がその動向を探知し、応援警察官を手配するため逮捕する旨の決定をするまでに２時間余を要したとしても、必ずしも裁判官の通常逮捕状を求める余裕があったとはいえない。

大阪地決昭39.2.25下刑集6-1=2-150

被害者が詐欺の被害申告をした当時、既に被疑者は所在不明であって、被害者等が被疑者を発見し警察に同行して初めて警察はその所在を確認したが、その段階で直ちに強制捜査に踏み切らず任意捜査を続けたことから、直ちに緊急逮捕手続の緊急性の要件を欠くとはいえない。

札幌高判昭25.6.7判特10-145

無銭飲食の被疑者が発車しようとする列車に乗り込んでいたのを発見し、任意同行を求めたが拒否したので緊急逮捕した事案で、充分な理由があり、急速を要し裁判官の逮捕状を求めることもできない場合であるといえる。

⑸　逮捕の必要を具備していること

緊急逮捕の場合にも、逃亡のおそれ、又は罪証隠滅のおそれがあることが要件である。

3　緊急逮捕の手続

要　件

①　**理由を告げて逮捕すること**

②　**逮捕後直ちに裁判官に緊急逮捕状の請求をすること**

⑴　理由を告げて被疑者を逮捕すること

☞　緊急逮捕の要件があると認められるときは、司法警察職員は、その理由を告げて被疑者を逮捕することができる。

☞　被疑者に対して告知すべきことは、「被疑者が罪を犯したことを疑うに足りる充分な理由」（逮捕の理由）と、「急速を要し、裁判官の逮捕状を求める余裕がないこと」（緊急性）である。

☞ 逮捕の理由は、いつ、どこで、何をしたということを告げて、被逮捕者が逮捕の基礎となった事実を確認できる程度に具体的に告知すべきである。

☞ 緊急性は、例えば、「今、ここで逮捕しなければ、逃亡されるおそれがあるから逮捕する。後で逮捕状を請求する」というようなことを告げればよい。

☞ 理由の告知は、逮捕前になすべきであるが、逮捕前に告知すれば被疑者が逃亡するおそれがあるなどの特別の事情がある場合には、例外的に、被疑者の身柄を確保した後に告知することも許される。

☞ 外国人被疑者を緊急逮捕する場合にも、理由の告知が必要である。日本語を解さない外国人の場合であっても、通訳人を用意するまでは必要なく、日本語等で告知すれば足りる。

◆主要判例――――適法な現行犯逮捕を看過して緊急逮捕手続をした事例

東京高判平18.9.12高刑速（平18）155

【事案】 交番勤務の警察官が現行犯逮捕していたのを看過した刑事課長の指示で緊急逮捕の手続がとられたもの。

【判旨】 被告人を現行犯人として逮捕した手続は正当であり、緊急逮捕手続要件の充足如何は問題とならないとし、仮に緊急逮捕したものであるとすると、その際「急速を要する事情があること」を告知したといえず、緊急逮捕の手続要件を一部欠くことになり違法であるが、その時点で被告人を現行犯逮捕し得るものであるから、警察官が逮捕手続の選択を誤ったにすぎず、実質的には違法ではない。

――――理由の告知がなかったとした事例

大阪地判平3.3.7判タ771-278

【事案】 集団行動の際、公務執行妨害罪を犯した者を現認した警察官が、約30分後に集団行動が散会となり付近にいた同人を緊急逮捕しようとしたところ、そこにいた仲間がこれを妨害したというもの。

【判旨】 警察官が被疑者を緊急逮捕するに際して、警備の警察官が撮影したビデオテープでは「これや。」と言う声が聞こえるだけで、「逮捕する。」との声は全く聞こえないことなどから、被疑事実等の理由の告知も逮捕する旨の告知もしたとは認められず、緊急逮捕行為は違法である。

福岡高判昭27.1.19高刑集5-1-12

罪名を告げただけでは、被疑事実の要旨を告げたことにはならない。

(2) 逮捕後、直ちに裁判官の逮捕状を求める手続をすること

定義 「直ちに」とは、「即刻」という意味である。

根拠　緊急逮捕は、逮捕時においていまだ司法審査がなされていない逮捕であることから、厳格に解すべきとされているためである。

☞　即刻といっても、時間的な幅は認めざるを得ない。
　事件の複雑性、被疑者の数、逮捕場所と引致した警察署との距離、その警察署と裁判所との距離、交通事情等を総合的に考慮して判断されよう（京都地判昭45.10.2判時634-103）。

☞　緊急逮捕状の請求は、司法巡査もできるが、原則として、指定司法警察員又は当該逮捕に当たった警察官がする。しかし、指定司法警察員がいないときは、他の司法警察員たる警察官が請求しても差し支えない（犯捜規120条１項）。

☞　緊急逮捕状を請求するときは、被疑者が罪を犯したことを疑うに足りる十分な理由があったこと、逮捕の必要があったこと及び急速を要し逮捕状を求めることができない理由があったことを疎明する逮捕手続書、被害届その他の資料を添えて行わなければならない（犯捜規122条２項）。

☞　疎明資料として、逮捕時の要件を直接疎明するものではないが、留置の必要性を判断する上の資料として、弁解録取書や供述調書等を裁判官に差し出すことがあり得る。
　また、書面に限らず、遺留品などの物的証拠も疎明資料であるし、口頭による疎明もあり得る。

POINT　遠隔地の他署管内で緊急逮捕した場合の逮捕状の請求先

　遠隔地の他署管内で緊急逮捕した場合の逮捕状の請求先は、事件を捜査中の署を管轄する下級裁判所（地方裁判所又は簡易裁判所）の裁判官に対してするのが妥当であるが、「やむを得ない事情」があるときは、例外的に最寄りの下級裁判所の裁判官に対してすることもできる（刑訴規則299条１項）。

◇主要判例――違法とした事例

最決昭50.6.12判時779-124

【事案】　被告人が、正午頃か遅くとも同日午後１時30分頃に実質的に逮捕されたのにもかかわらず、同日午後10時頃になって初めて緊急逮捕状の請求があり、同日中に逮捕状の発付を得たというもの。

【判旨】　当日が休日であったこと、最寄りの簡易裁判所までが片道２時間を要する距離であったことを考慮に入れても、本件緊急逮捕の適法性を認めることはできない。

大阪高判昭50.11.19判時813-102

　午後１時20分頃、非現住建造物放火の疑いで緊急逮捕し適法に弁解録取の手続をしたが、その後、火災現場の実況見分、取調べを行った上、午後8時に逮捕状請求がなされた場合、逮捕は違法である。

——適法とした事例

広島高判昭58.2.1判時1093-151

内ゲバ事件での傷害による緊急逮捕後、被疑者はもとより被害者も警察に協力しないため、裁判所に提出する疎明資料の収集整理に時間を要した結果、6時間後に令状請求した手続は適法である。

POINT　緊急逮捕後の事情変更

緊急逮捕で、逮捕後に緊急逮捕状を直ちに請求しなければならないのは、緊急逮捕の要件の有無について事後の司法審査を経ること、及び身柄拘束の必要性の有無についての審査という意味がある。

したがって、

❶　逮捕後罪名が変わったときも、逮捕時の罪名で逮捕状を請求すべきであり、

❷　逮捕状の発付が遅れるときは被疑者を釈放すべきであり、

❸　逮捕後に弁解録取等で留置の必要がないとして釈放してもなお、緊急逮捕状を請求しなければならない（犯捜規120条3項）。

想定問答　緊急逮捕後に被疑罪名が変更した場合の逮捕状請求書及び逮捕状の記載

Q　殺人未遂事件で被疑者を緊急逮捕したが、逮捕状請求時までに被害者が死亡したという場合、逮捕状請求書に記載すべき罪名及び被疑事実は、どのようにすればよいのか。

A　緊急逮捕は、逮捕後直ちに逮捕状を請求して裁判官の審査に服さなければならないとされている。裁判官は、逮捕時における緊急逮捕の要件が具備されているかを事後的に審査して、緊急逮捕行為に対して追認することになる。

したがって、本問の場合、殺人未遂事件として緊急逮捕したのであるから、逮捕状請求書に記載すべき罪名及び被疑事実としては、逮捕した殺人未遂罪でその被疑事実を記載することになる。

なお、送致の際には、**送致罪名**は殺人罪と記載し、その被疑事実を記載する。

☞ 緊急逮捕状の請求は、通常逮捕の場合と異なり、検察官及び指定司法警察員に限られない（刑訴法199条２項、210条１項）。

根拠 既に逮捕がなされている以上、不当な逮捕のおそれを事前に防ぐ意味はないからである。

☞ ただし、緊急逮捕状の請求は、手続の確実性を期す意味で、原則として、通常逮捕と同様に、指定司法警察員か緊急逮捕に当たった警察官自身が請求する（犯捜規120条１項）。

想定問答　被疑者が引致途中で逃走した場合の令状請求と逮捕手続

Q 緊急逮捕した被疑者が引致の途中で逃走した場合、その緊急逮捕に係る逮捕状を請求することは必要か。また、逃走した被疑者を同一被疑事実で再逮捕する必要がある場合、どのような手続により逮捕するのが適当か。

A 緊急逮捕した被疑者が、引致の途中で逃走した場合であっても、緊急逮捕手続の当否についての事後審査の必要から、緊急逮捕状の請求をすべきである。緊急逮捕は、厳格な要件の下に緊急やむを得ない場合の例外的措置として、いまだ逮捕状が発付されていないにもかかわらず身柄の拘束が許されるものである。緊急逮捕によって被疑者の身体の拘束が行われ、逮捕者の実力支配下に入った以上、引致の途中で被疑者が逃走してその支配下から脱したとしても、それまでに行われた逮捕行為の当否について裁判官の審査を受けるべきと解される。

また、逃走した被疑者を再び拘束するためには、緊急逮捕状によることはできず、改めて通常逮捕状の発付を求め、これにより被疑者を逮捕することになる。

なお、逃走した被疑者を発見して、同一事実で緊急逮捕することはできるが、この場合には、先の緊急逮捕行為と後の緊急逮捕行為との２通の逮捕状（乙）を請求することになる。

Column

緊急逮捕の要件は、逮捕時において存在することが必要であり、逮捕後に生じた事情を疎明資料とすることは許されない。

もっとも、逮捕時において既に存在した事情で、逮捕者がこれを逮捕時に認識することができたものであれば、逮捕後に疎明資料として作成されたものであってもかまわない。例えば、逮捕直前に確認された被害届や参考人供述調書等が逮捕後に作成されたような場合である。

なお、弁解録取書は、逮捕者が逮捕時において認識していた事実を記述したものではないので、緊急逮捕の実質的要件が逮捕時に充足されていたかを判断する資料とはならないが、身柄拘束の必要性を判断する資料とすることはできるので、裁判官からしばしば要求されることがある。

☞ 逮捕状が発せられないときは、直ちに被疑者を釈放しなければならない（刑訴法210条１項）。

☞ 刑訴法220条の規定に基づき差押えがなされたが、緊急逮捕状が発せられなかったときは、差押物は直ちに還付しなければならない（刑訴法220条２項）。

POINT　緊急逮捕状を提示する義務

緊急逮捕した被疑者が、「逮捕状を見せてくれ」と要求したような場合に、刑訴法上、緊急逮捕状を示す義務を定めた規定はないので、逮捕状を提示しなくても違法とはいえない。しかし、緊急逮捕が適法であることを被疑者に理解させた上で、緊急逮捕状を示すべきである。

第８章　通常逮捕(1)
～逮捕の要件、逮捕状の請求・発付の手続～

■刑訴法

〔逮捕状による逮捕要件〕

第199条　検察官、検察事務官又は司法警察職員は、被疑者が罪を犯したことを疑うに足りる相当な理由があるときは、裁判官のあらかじめ発する逮捕状により、これを逮捕することができる。ただし、30万円（刑法、暴力行為等処罰に関する法律及び経済関係罰則の整備に関する法律の罪以外の罪については、当分の間、２万円）以下の罰金、拘留又は科料に当たる罪については、被疑者が定まつた住居を有しない場合又は正当な理由がなく前条の規定による出頭の求めに応じない場合に限る。

②　裁判官は、被疑者が罪を犯したことを疑うに足りる相当な理由があると認めるときは、検察官又は司法警察員（警察官たる司法警察員については、国家公安委員会又は都道府県公安委員会が指定する警部以上の者に限る。以下本条において同じ。）の請求により、前項の逮捕状を発する。但し、明らかに逮捕の必要がないと認めるときは、この限りでない。

③　検察官又は司法警察員は、第１項の逮捕状を請求する場合において、同一の犯罪事実についてその被疑者に対し前に逮捕状の請求又はその発付があつたときは、その旨を裁判所に通知しなければならない。

cf. 憲法33条〔逮捕に対する保障〕

刑訴規則142条〔逮捕状請求書の記載要件〕、143条の３〔明らかに逮捕の必要がない場合〕

犯捜規119条〔通常逮捕状の請求〕

要　件

①　司法警察職員
②　被疑者が罪を犯したことを疑うに足りる相当な理由があること
③　被疑者を逮捕する必要があること
④　裁判官があらかじめ発した令状によること

1　通常逮捕の定義

通常逮捕は、裁判官から、事前に逮捕状の発付を受け、これに基づいて被疑者を逮捕する場合である（刑訴法199条１項）。

2　通常逮捕の要件

● 実体要件
① 逮捕の理由（犯罪の嫌疑＝相当な理由）
② 逮捕の必要（罪証隠滅・逃亡のおそれ）

● 手続要件
③ 逮捕状の請求・発付

【通常逮捕の要件】

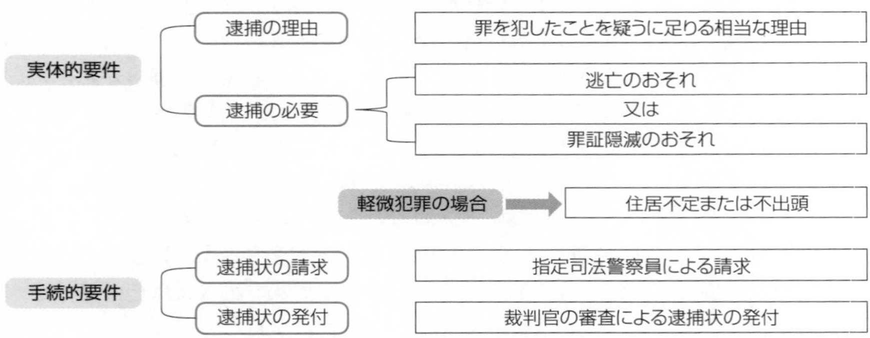

☞ 軽微な犯罪（30万円以下の罰金、拘留又は科料の罪）については、被疑者が定まった住居を有しない場合又は正当な理由がなく取調べのための出頭の求めに応じない場合に限る（刑訴法199条１項ただし書）。

(1) 逮捕の理由（刑訴法199条１項本文）

被疑者の逮捕には、被疑者が罪を犯したことを疑うに足りる「相当な理由」が存在することが必要である。

定義 「罪」とは、令状請求の時点で特定される具体的な犯罪をいう。職務質問における「何らかの犯罪」という程度では足りない。

定義 「相当な理由」とは、特定の犯罪の存在及びその犯罪と特定の被疑者との結び付きについて、客観的・合理的な嫌疑が存在することをいう。

捜査官の単なる主観的な嫌疑では足りず、疎明資料に基づく客観的・合理的な嫌疑でなければならない。

定義 「相当な理由」として求められる嫌疑の程度は、緊急逮捕における「充分な理由」（刑訴法210条）のそれより低くてよい（大阪高判昭50.12.2判タ335-232）。

想定問答 犯人性は推認されるが、現場で資料が採取できなかった場合

Q 侵入盗の事件を捜査していたところ、被害品が入質されており、その入質者がXであること、入質日が事件発生の翌々日であることが判明した。しかし、現場での指紋や足跡等の犯人を特定する資料は採取できなかった。

このような場合、Xを住居侵入・窃盗罪の被疑者とした逮捕状請求は許されるか。

A 逮捕状を請求するに足るだけの「相当な理由」があるとはいえず、逮捕状請求は許されない。

被害品の入質状況からすればXが犯人ではないかと推認できるが、Xが犯人であって、X以外の者が犯人であることは考えにくいとまではいえないであろう。Xが盗品を譲り受けたり、他人から依頼されたりして入質したという場合もあり得るからである。

(2) 逮捕の必要

☞ 逮捕の必要は、逮捕状発付の要件として規定されている（刑訴法199条2項ただし書）が、逮捕の実体要件でもある。

☞ 裁判官は、逮捕の理由があると認める場合においても、被疑者が逃亡するおそれがなく、かつ、罪証を隠滅するおそれがないなど、明らかに逮捕の必要がないと認めるときは、逮捕状の請求を却下しなければならない（刑訴規則143条の3）。

☞ 逮捕の必要は、被疑者について、①逃亡するおそれ、又は②罪証を隠滅するおそれのいずれかがあり、かつ、逮捕を必要としない特段の事情がないことをいう。

特段の事情には、万引をした被疑者が女性で乳児を抱えて働いているとか、酔って暴行事件を起こした被疑者が在学中のため身柄を拘束されると卒業試験を受験できないというような事案で、ほかにも酌量すべき事情があるような場合である。

定義 「逃亡のおそれがなく、かつ、罪証隠滅のおそれがない」は例示である。

☞ 逃亡のおそれ又は罪証隠滅のおそれがあれば逮捕の必要があるが、いずれも

ないにもかかわらず被疑者を取り調べる必要があるというだけでは、逮捕の必要があるとはいえない。

☞ 被疑者が執行猶予中であるということだけで逃亡のおそれがあるとして、逮捕の必要性が認められるわけではない。

逮捕の必要は、①被疑者の年齢及び境遇、②犯罪の軽重及び態様、③その他諸般の事情を考慮して判断する。

70歳以上の高齢者に対しては、健康上の事情を考慮して逮捕はなるべく避け、任意捜査によることが望ましいであろう（刑訴法482条参照）。

想定問答　**正当な理由のない出頭拒否を繰り返す被疑者の場合**

Q 複数回にわたって、正当な理由なく出頭拒否を繰り返している被疑者には、逮捕の必要があるといえるか。

A 被疑者を取り調べる必要があるというだけでは逮捕の必要があるとはいえない。しかし、刑訴法198条１項の出頭要求に応じることなく、何度も正当な理由なく出頭拒否を繰り返している被疑者については、その事実から逃亡又は罪証隠滅のおそれがあると推認される。したがって、例えば、連続して３回以上正当な理由なく不出頭を繰り返す被疑者に対しては、その事情を報告書等で疎明資料として添付して、逮捕状を請求することは差し支えない。

◆主要判例――逮捕の必要があるとされた事例

最判平10.9.7判時1661-70

旧外国人登録法に定める指紋押なつを拒否した者について、その生活は安定したものであったことがうかがわれ、また、指紋押なつをしなかったとの事実を自ら認めていたことなどからすると、逃亡のおそれ及びその事実に関する罪証隠滅のおそれが強いものであったということはできないが、同人が司法警察職員から５回にわたって任意出頭するように求められながら、正当な理由がなく出頭せず、その行動には組織的な背景が存することがうかがわれたなどの事情の下においては、同人に対する逮捕状の請求及び発付について、明らかに逮捕の必要がなかったということはできない。

3　通常逮捕状の請求・発付

要　件

- 通常逮捕状の請求
  ①　指定司法警察員
  ②　逮捕の実体要件があること
  ③　刑訴規則142条１項１号～８号に定めた事項を記載すること
  ④　逮捕の理由・必要を認めるべき資料（疎明資料）を提供すること
- 通常逮捕状の発付
  ⑤　裁判官による審査・発付

(1)　逮捕状の請求権者

☞　逮捕状を請求できるのは、警察官の場合、司法警察員（警察官たる司法警察員については、各公安委員会の指定する警部以上の階級にある司法警察員）である（刑訴法199条２項、刑訴規則141条の２、犯捜規119条）。

根拠　一定の司法警察員に限定したのは、逮捕状の請求が濫用されないように請求権者を限るという趣旨である。

【逮捕状の請求・執行】

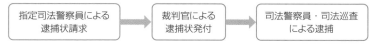

指定司法警察員による逮捕状請求 ➡ 裁判官による逮捕状発付 ➡ 司法警察員・司法巡査による逮捕

・逮捕状を所持している場合
　➡　逮捕に着手する前に逮捕状を提示
・逮捕状を所持していない場合
　➡　逮捕状の緊急執行により逮捕後に提示

Column

刑訴法上で司法警察員のみに与えられている権限（司法巡査は行い得ない権限）

①　令状請求の権限（199条２項、218条４項）
※通常逮捕状請求については、都道府県公安委員会が指定する警部以上の者
※緊急逮捕の場合における逮捕状請求権については、司法巡査も有する。

② 逮捕された被疑者に対し、犯罪事実の要旨及び弁護人選任権を告知して弁解の機会を与え、かつ、被疑者を釈放、又は身柄付きで検察官に送致する権限（203条、211条、216条）
③ 押収物の代価保管・還付等の権限（222条１項ただし書）
④ 被疑者の鑑定留置、鑑定処分許可状請求権（224条１項、225条２項）
⑤ 代行検視の権限（229条２項）
⑥ 事件の送致・送付の権限（246条）
⑦ 告訴・告発・自首の受理権限（241条、245条）

⑵ 逮捕状請求の手続

逮捕状請求書には、

① 被疑者の氏名、年齢、職業及び住居
② 罪名及び被疑事実の要旨
③ 被疑者の逮捕を必要とする事由
④ 請求者の官公職氏名
⑤ 請求者が警察官たる司法警察員であるときは、刑訴法199条２項の規定による指定を受けた者である旨
⑥ ７日を超える有効期間を必要とするときは、その旨及び事由*
⑦ 逮捕状を数通必要とするときは、その旨及び事由
⑧ 同一の犯罪事実又は現に捜査中である他の犯罪事実についてその被疑者に対し前に逮捕状の請求又はその発付があったときは、その旨及びその犯罪事実

を記載しなければならない（刑訴規則142条１項）。

＊ 有効期間の計算は、刑訴法55条１項本文による。有効期間の末日が休日でも算入される。

☞ 逮捕状の請求は、書面でしなければならず（刑訴規則139条１項）、謄本１通を添付しなければならない（同条２項）。

☞ 逮捕状の請求に当たっては、逮捕の理由及び逮捕の必要があることを認めるべき疎明資料を提供しなければならない（刑訴規則143条、犯捜規122条１項）。

☞ 疎明資料には被害届、捜査報告書、供述調書、証拠物などがある。軽微犯罪（刑訴法199条１項ただし書）について通常逮捕状を請求するときは、さらに、被疑者が定まった住居を有しないこと又は正当な理由がなく任意出頭の求めに応じないことを疎明する資料を添えて行わなければならない（犯捜規122条１項ただし書）。

☞ 裁判官が必要と認めるときは、逮捕状請求者による陳述によるほか書類その他の物の提示を求めることができる（刑訴規則143条の２）。

出頭を求められた司法警察員にはこれに応ずる義務がある（犯捜規123条、応じなければ疎明不十分として請求却下となり得る。)。

☞ 逮捕状請求書の記載事項について欠落があっても、裁判官が判断を誤るような重大なものでなければ却下されない。例えば、被疑者の年齢、職業及び住居が不詳であることについて記載が欠けていても、請求が直ちに却下されることはない。

☞ 被疑者の氏名が明らかでないときは、人相、体格その他被疑者を特定するに足りる事項でこれを指定しなければならない（刑訴規則142条２項)。例えば、逮捕状請求書に被疑者の身体特徴を記載して、同人の写真を添付するなどが考えられる。

また、被疑者の年齢、職業又は住居が明らかでないときは、その旨を記載すれば足りる（同条３項)。

◆主要判例———被疑者が特定されているとされた事例

東京高判昭38.4.18東高刑時報14-4-70

被疑者の氏名が明らかでないときは、被疑者の人相、体格その他被疑者を特定するに足りる事項で被疑者を指定することができ、又被疑者の住居が明らかでないときは、これを記載することを要しない。

☞ 逮捕状請求に際して、記載すべき「被疑事実の要旨」は、犯罪事実を特定し、他の犯罪事実と識別が可能な程度に具体的かつ明確に記載する必要がある。

なお、被疑事実の要旨として記載するに当たっては、まずどのような犯罪が成立するかを確定し、犯罪構成要件要素を正確に把握して、犯罪構成要件に該当する事実とこれを特定するに足りる事実を記載する。

想定問答　逮捕を不相当とする特段の事情の記載

Q 逮捕を不相当とする特段の事情の不存在についても、記載すべきか。

A 逮捕を不相当とする特段の事情があることが懸念される事案でなければ、積極的に記載する必要はないであろう。

もっとも、強盗、強盗致傷、強盗殺人等のような重大な犯罪については、「事件の重大性に鑑み逮捕の必要がある」と記載するだけで足りる場合もあり得る。

また、重大な事件でなくとも、被疑者が現に逃走中であるような場合には、「逃走中につき逮捕の必要がある」と記載するだけで十分である。

(3)　同一の犯罪事実について、その被疑者に対し前に逮捕状の請求又はその発付があったとき

「同一の犯罪事実又は現に捜査中である他の犯罪事実についてその被疑者に対し前に逮捕状の請求又はその発付があつたときは、その旨及びその犯罪事実」として、逮捕の不当な蒸し返しを防止するために、再度、逮捕状を請求するときは、請求者にその前の通知義務を課して、裁判官に逮捕状の発付に当たっての慎重な判断を求めている（刑訴法199条３項、刑訴規則142条１項８号）。

定義　「同一の犯罪事実」かどうかの判断基準は、基本的事実の同一性が基準となる。

定義　基本的事実が同一とは、重要な事実関係が同一であることをいう。

罪質の密接性、日時・場所の近接性、構成要件の重要事実の重なり合いなどから判断される。

定義　「現に捜査中である他の犯罪事実」とは、逮捕状請求時において、被疑者に対し犯罪の嫌疑があるとして逮捕状の請求をし、又は発付を受けて捜査を行っている全ての犯罪事実をいう。

定義　「前に逮捕状の請求があったとき」とは、逮捕状の請求があったが、逮捕状が発付されなかった場合をいう。同一の犯罪事実及び現に捜査中である他の犯罪事実を含む。

定義　「逮捕状の発付があったとき」とは、請求者に対して逮捕状が発付されたときをいう。同一の犯罪事実及び現に捜査中である他の犯罪事実の両者を含む。

現行犯逮捕した被疑者を再逮捕する場合にも、逮捕の蒸し返しと評価されるのを避けるために、現行犯逮捕した事実についても記載しておく。

POINT　**逮捕状請求書を記載するに当たっての留意点**

刑訴規則142条１項柱書は、「逮捕状に記載することを要する事項」及び「逮捕状発付の要件たる事項」の記載を規定している。

「逮捕状に記載することを要する事項」は、刑訴法200条１項に規定されている事項をいうが、逮捕状請求書において記載することを要するのは、「引致すべき官公署その他の場所」である。

引致場所は、特定して記載する必要がある。引致場所を「Ａ警察署」と記載して逮捕状を請求し、逮捕状の発付を受けておきながら、別のＢ警察署で逮捕し、同署でＡ警察署司法警察員に引致することは違法である。実務上は、「〇〇警察署又は逮捕地を管轄する警察署」と記載することが多い。

また、「逮捕状発付の要件たる事項」とは、刑訴法199条１項本文にいう「被疑者が罪を犯したことを疑うに足りる相当な理由」及び同条ただし書の罪の場合にはその該当事由をいう。

定義 「引致」は、司法警察員に連行するという意味のほかに、被疑者を官公署等という「場所」に連行するという意味もある。

☞ 逮捕状の請求は、その事件の管轄にかかわらず、逮捕状を請求する者の所属する官公署の所在地を管轄する地方裁判所又は簡易裁判所の裁判官にする（刑訴規則299条１項本文）。

☞ やむを得ない事情があるときは、最寄りの下級裁判所の裁判官にこれをすることができる（同項ただし書）。

⑷ 逮捕状の発付

逮捕状の請求を受けた裁判官は、逮捕の理由があると認めるときは、明らかに逮捕の必要がないと認める場合を除き、逮捕状を発付しなければならない（刑訴法199条２項）。

逮捕状には、

① 被疑者の氏名及び住居
② 罪名
③ 被疑事実の要旨
④ 引致すべき官公署その他の場所
⑤ 有効期間及びその期間経過後は逮捕をすることができず令状はこれを返還しなければならない旨
⑥ 発付の年月日
⑦ その他裁判所の規則で定める事項

を記載し、裁判官が、これに記名押印しなければならない（刑訴法200条１項）。

☞ 裁判官の押印を欠く逮捕状は違法である（東京地決昭39.10.15下刑集6-9=10-1185）。

☞ 逮捕状には、請求者の官公職氏名をも記載しなければならない（刑訴規則144条）。

☞ 逮捕状は、逮捕状請求書及びその記載を利用してこれを作ることができる（刑訴規則145条）。

POINT 通常逮捕状の発付を受けた後の記載の変更

通常逮捕状の発付を受けた後、逮捕前において、引致場所その他の記載の変更を必要とする理由が生じたときは、逮捕状を請求した警察官又はこれに代わるべき警察官が、原則として、逮捕状を発付した裁判官又はその者の所属する裁判所の他の裁判官に対し、書面（引致場所の変更を必要とするときは、引致場所変更請求書）により逮捕状の記載の変更を請求する（犯捜規124条本文）。

通常逮捕状の記載の変更の請求は、逮捕状の更新ではなく、裁判書の一部変更としての性質を有するから、指定司法警察員がしなければならないものではない。
※　記載の変更が許されれば、その変更を当該逮捕状に記載する。
なお、逮捕後に逮捕状の記載事項を変更することはできない。

4　逮捕と準抗告

☞　現行法は、逮捕について準抗告を認めていない（刑訴法429条１項２号）。したがって、逮捕状が発付されなかった場合、捜査機関は準抗告で争うことはできない。この場合、疎明資料を整え直して、改めて逮捕状の請求をすることはできる。

☞　逮捕に関する裁判及びこれに基づく処分は、刑訴法429条１項各号所定の準抗告の対象となる裁判に含まれない（最決昭57.8.27刑集36-6-726）。

5　再逮捕

要　件

①　同一の犯罪事実
②　不当な逮捕の蒸し返しでないこと

☞　同一の犯罪事実についての再逮捕の可否については、刑訴法に規定されていない。

☞　同一事件についての繰返しを許せば、憲法の令状主義及び刑訴法が身柄拘束期間その他の厳格な要件を定めた意義を没却することになることから、逮捕・勾留については、「逮捕・勾留の一回性の原則」がある。

しかし、刑訴法199条３項や刑訴規則142条１項８号は、同一事実による再逮捕を予想しており、どのような場合がその例外として許されるかが問題となる。

☞　一般に、犯罪の重大性その他の事情から、再度の身柄拘束もやむを得ないと考えられ、不当な逮捕の蒸し返しではないといえる場合には、再逮捕が許される。

例えば、逮捕状により逮捕して取り調べたところ嫌疑不十分で釈放したが、その後に有力な証拠が出てきた場合には、再び同一事実で逮捕状の発付を受けて逮捕することができる。しかし、有力な証拠が何ら新たに出たわけでないのに、前回と同じ疎明資料で再度逮捕状を請求することは不当な逮捕の蒸し返しと認められよう。また、逮捕状により逮捕したが、逃亡、罪証隠滅のおそれがないものとして釈放したところ情勢が著しく変わり、逃亡又は罪証隠滅のおそれが生じた場合、不当な逮捕の蒸し返しと認められない限り、同一被疑事実により逮捕状の請求をし、裁判官が逮捕状を発付すれば再逮捕することができると解される。

なお、令状の有効期間を迎えるため、その切替、継続のために令状の再請求をすることは許される。

☞ 同一の犯罪事実について、再逮捕が許される場合があるとはいえ、甲被疑事実で逮捕状の発付を得て捜査中のところ、実は乙被疑事実であることが判明した場合は、新たに乙被疑事実の逮捕状を請求し、甲事実の逮捕状は返還しなければならない。また、甲被疑事実で逮捕して取り調べたところ、実は乙被疑事実であることが判明した場合には、直ちに被疑者を釈放するとともに、新たに乙被疑事実の逮捕状の発付を受けて逮捕することになる。なお、甲被疑事実で逮捕して取り調べたところ、さらに余罪である乙被疑事実が発覚した場合には、原則として甲被疑事実の逮捕により乙被疑事実を取り調べることはできるが、刑訴規則142条１項８号が「現に捜査中である他の犯罪事実についてその被疑者に対し前に逮捕状の請求又はその発付があったとき」はその旨を請求書に記載することとしていることに照らし、余罪である乙被疑事実による逮捕の蒸し返しとなるような再逮捕はすべきではない。

☞ 同一の逮捕状により同じ被疑者について再逮捕することはできない。

◇主要判例――逮捕の蒸し返しではないとされた事例

東京高判昭48.10.16刑裁月報5-10-1378

覚醒剤取締法違反の被疑事実につき、２度にわたって逮捕状により逮捕された事案で、刑訴法199条３項、刑訴規則142条１項８号の定めは、理由のない逮捕の繰返しを防ぐためのものであると解され、被疑者に対する再度の逮捕が理由のない不当なものであったとは認められない。

――同一の逮捕状による逮捕として違法とされた事例

東京高判平26.10.3高刑速（平26）102

被疑者が暴れたことで警察官に押さえ付けられたことで、被疑者に対しては逮捕状が執行され、その後釈放されたものと認められることから、その３日後に同一の逮捕状で被疑者を逮捕した行為は執行済みの逮捕状を用いてされたもので違法である。

想定問答　同一犯罪事実による再逮捕の可否

Q　平成23年２月３日午後８時55分頃、東京都港区三田○丁目□番△△に居住するＶから、「階下で聞き慣れない物音がしたので降りていったところ、室内が荒らされており、黒っぽい色のジャンパーを着た30歳くらいの男が逃げていった」との110番通報があった。Ｖ方に駆け付けたＡ巡査は、直ちにＶから事情を聴取したところ、タンスにしまってあった高級時計がなくなっているとのことであった。Ａ巡査らは、犯人を発見すべく、直ちにパトカーにて現場付近の巡回に出たところ、同日午後９時15分頃、被害者方から東方約50メートルの地点にある公園で、Ｖから聴取した犯人の人相、年齢、服装とよく似た風体のＸを発見したので、職務質問を実施したが、Ｘは犯行を否認して自分は犯人ではない旨を申し立てた。そこで、Ａ巡査らはその場にＶの同行を求めてＸと対面させたところ、ＶからＸが犯人に間違いない旨の供述を得たので、その場でＸを住居侵入・窃盗被疑事実を犯した現行犯人と認めて「現行犯逮捕」した。その後、Ａ巡査はＸを三田警察署に引致した。

この事例において、Ａ巡査からＸを受け取ったＢ警部補は、どのようにすべきか。

A　本問において、Ａ巡査がＸを「現行犯逮捕」したのは、犯行時から約20分後であり、その逮捕場所も犯行現場から約50メートルしか離れていない地点であったとはいえ、逮捕者であるＡ巡査とすれば犯行現場に居合わせてＸの本件犯行を目撃していたわけでなく、また、その逮捕時においてＸが犯罪に供した凶器等を所持し、その身体、被服などに犯罪の証跡を残していて明白に犯人と認め得るような状況にあったというわけでもないのであって、被害者Ｖの供述に基づいて初めてＸを本件被疑事実を犯した犯人と認めることができたというにすぎない。しかも、Ｘは、Ａ巡査の職務質問に際して逃走しようとしたわけでもなく、また、犯人であることを知っている被害者Ｖ自身からの追跡ないし呼号を受けていたわけでもない。

そうすると、Ａ巡査がＶの供述に基づいてＸを「現行犯逮捕」した時点においては、Ｘについて緊急逮捕をなし得る実体的要件は具備されていたとは認められるが、現行犯逮捕ないしは準現行犯逮捕をなし得るまでの実体的要件が具備されていたとは認められない。

本問において、Ｂ警部補は、Ｘを釈放すると同時に緊急逮捕するべきである。

第９章　通常逮捕⑵　～逮捕状の執行～

■刑訴法

〔逮捕状による逮捕の手続〕

第201条　逮捕状により被疑者を逮捕するには、逮捕状を被疑者に示さなければならない。

②　第73条第３項の規定は、逮捕状により被疑者を逮捕する場合にこれを準用する。

cf. 犯捜規126条〔逮捕の際の注意〕

要　件

①　司法警察員及び司法巡査

②　逮捕状を被疑者に示す

③　急速を要する場合には、緊急執行ができる

④　逮捕のために住居等へ立ち入ることができる

1　逮捕状の執行

POINT　逮捕状の提示と緊急執行

通常逮捕状が発せられたとき、司法警察職員は、逮捕状により被疑者を逮捕することができる（刑訴法199条１項）。

逮捕状により被疑者を逮捕する場合には、被疑者が逮捕状の提示を要求したかどうかに関係なく、逮捕状を被疑者に示さなければならない（刑訴法201条１項）。

被逮捕者に、その内容を理解させ、防御の機会を与えるためである。

逮捕に当たって急速を要する場合には、被疑者に被疑事実の要旨と逮捕状が発せられている旨とを告げて逮捕すること（緊急執行）ができる。

この場合、できるだけ速やかに逮捕状を示さなければならない（刑訴法201条２項、73条３項）。

(1) 逮捕状の提示

逮捕状の提示は、「逮捕するに当たって」逮捕状を提示すれば足りる。

☞ 必ず逮捕行為の着手前に提示しなければならないわけではない。

逮捕に着手しようとするときの具体的状況から客観的・合理的に判断して、逮捕状の提示をする時間的余裕がないとか、提示によって逮捕が不能になると認められるような場合においては、逮捕状が出ている旨を告げ、被疑者の身柄を完全に拘束した後に逮捕状を示すなどすれば足りる。

◘主要判例———逮捕後の提示を適法とした事例

東京高判昭60.3.19刑裁月報17-3＝4-57

覚醒剤を使用していた被疑者が、必死に逃走し、取り押さえようとした警察官に激しく抵抗するところを取り押さえ、手錠をかけて逮捕し、なお逃走しようとして抵抗を続ける被疑者を直ちにそこから約10メートル離れたところに駐車していた捜査用車両に乗せ、所携の逮捕状を被疑者に示し、かつ、口頭で被疑事実の要旨を告げたなどの事情がある場合に、逮捕前に令状を提示せずその旨を告知しただけであっても、直後に近くの車内でこれを示していれば、逮捕状が示されているといえる。

☞ 被疑者に逮捕状を示したところ、被疑者がこれを奪い取って破るなどして毀棄してしまった場合でも、逮捕状による逮捕である。

☞ 被疑者が外国人である場合には、直ちに通訳人を付することが困難であることもあり（犯捜規233条１項）、通訳人を介してしかるべき時期に、逮捕状の内容が理解できるように示せば足りる。

もっとも、通常逮捕状による逮捕の場合には、なるべく翻訳文を添付しなければならない（犯捜規236条）。

想定問答　**被疑者が逃走した場合の逮捕状の効力**

Q 被疑者に逮捕状を示して逮捕しようとしたところ、被疑者が逃走してしまった場合、逮捕状の効力はどのように考えればよいか。

A 逮捕状を示して逮捕しようと被疑者に手をかけただけというように、いまだ**被疑者の身体の拘束を完了し、その行動を逮捕者の実力支配下に置いたとみることはできない場合は、逮捕は完了していない。**したがって、逃走した被疑者を追跡して逮捕することはいうまでもなく、後日、被疑者を発見した場合も、逮捕状の有効期間内であれば同一逮捕状によって逮捕することができる。

(2) 逮捕状の緊急執行（刑訴法201条２項、73条３項）

要　件

① 逮捕状を所持しないためにこれを示すことができない場合であること
② 急速を要するときであること
③ 逮捕時に被疑事実の要旨及び令状が発せられている旨を告知すること
④ 逮捕後に令状をできるだけ速やかに示すこと

逮捕状の緊急執行は、犯人の機動的かつ能率的な検挙という実際的な要請に応え、「急速を要するとき」という条件の下に、特に令状を所持していない場合にも執行を許そうという例外的な措置を規定したものである。

想定問答　「急速を要するとき」の意義

Q 「急速を要するとき」とは、どのような場合か。

A 被疑者を発見したが、逮捕状の所持者から逮捕状を入手し、又はその到着を待っていたのでは、被疑者が逃走するなどして逮捕状の執行が不可能又は著しく困難になる場合をいう。

急速を要するときに該当するか否かは、被疑者を発見した時間・場所、被疑者の動静、行動状況等から、直ちに逮捕に着手しなければ逮捕状の執行が不可能又は著しく困難になるかどうか、また逮捕状の所持者や逮捕状を保管している警察署との距離、入手のための時間、逮捕のための警察官の態勢準備等、逮捕状を入手するのにどの程度の負担となるかなどから判断される。

ただ、距離が離れているというだけでは「急速を要するとき」には当たらない。

逮捕状を取り寄せるなどして通常執行が可能であり、又は、通常執行をすべきであると言い得る場合には、「急速を要するとき」には当たらない。

◆主要判例———急速を要するときに当たり適法とした事例

最決昭31.3.9刑集10-3-303

会社の労働争議に関し発生した建造物損壊被疑事件の被疑者に対し逮捕状が発せられたので、警部補指揮の下に甲、乙巡査を含む司法巡査５名が会社工場内外付近各所において被疑者が工場を出てくるのを待って逮捕状を執行すべく待機中、自転車で工場から出てきた被疑者を甲、乙両巡査が発見したが、逮捕状の所持者と連絡してこれを同人に示す時間的余裕がなかったので、逮捕状が発せられている旨を告げて逮捕しようとしたのは、「急速を要するとき」に当たる。

東京高判平8.12.12東高刑時報47-1～12-145

他の事件の捜査班から、指名手配中の被疑者に氏名が類似した者を発見したので応援されたいとの要請を受けて宿泊先に赴いた警察官が、管理人から事情聴取したところ、管理人が持っていた宿泊者の運転免許証のコピーから、宿泊者が被疑者本人であることを確認した際、同人がすぐにもチェックアウトする可能性があるという差し迫った状況にあった事案で、被疑者に対し、逮捕状が出ていることを伝えるとともに、覚醒剤使用及び所持の事実を告げて、逮捕状の緊急執行を行ったのは適法である。

———急速を要するときに当たらず違法とした事例

東京地判平15.4.16判時1842-159

指名手配中の被疑者の居所を逮捕前日の夜に確認し、被疑者が同人方から出てきたところを逮捕する方針で、逮捕当日の午前２時頃から張込みを始め、同日午前７時30分頃に同人方の玄関を叩くなどして被疑者に出てくるように促し、午前８時10分、同棲中の女性の承諾を得て室内に入り、被疑者に任意同行を求め、午前９時40分に付近に駐車中の警察車両内で逮捕状の緊急執行をしたことにつき、所在確認後、逮捕に向けた行動をとるまでに逮捕状を取り寄せる時間的余裕も十分存在したのであるから、逮捕状を取り寄せる努力を怠り、緊急執行の手続で被疑者を逮捕した本件逮捕手続は、「急速を要するとき」の要件を満たしておらず、違法とみる余地がある。

逮捕状の緊急執行に当たっては、被疑事実の要旨は告知しなければならないが(大阪地判昭45.10.30刑裁月報2-10-1127)、理由なく逮捕するものではないこと、いかなる犯罪事実による逮捕であるか、すなわち、いつ（犯罪の日時)、どこで(犯罪の場所)、何をしたか（犯罪の対象）など、当該事実を明らかにするに足りる事項を、被疑者が一応理解できる程度に告げれば足りる。

もっとも、ただ罪名や逮捕状が発せられている旨だけを告げただけでは違法である。

POINT　特別な事情がある場合の告知

被疑事実の要旨や逮捕状が発せられている旨を告げる時間的余裕がない場合や、告知していたのでは被疑者の逮捕が完遂できなくなるおそれがあるなど特別な事情がある場合には、被疑事実の要旨及び逮捕状が発せられている旨の告知を省いて逮捕に着手し、被疑者を逮捕した直後に告知してもよい。

もっとも、そのような特別の事情がうかがえない場合に、被疑事実の要旨を告知しないで被疑者を逮捕した場合には、逮捕手続は違法である。

☞　逮捕状の提示は、告知がなされていれば、引致後、弁解録取書を作成する際でも許される。

(3)　逮捕のための住居等への立入り

☞　逮捕状により被疑者を逮捕する場合において必要があるときは、捜査機関は、人の住居等に立ち入ることができる（刑訴法220条１項１号、同条３項）が、その性質上、必要かつ合理的な範囲でなければならない。

☞　被疑者を発見して追跡継続中に、人の住居等に立ち入るのは逮捕行為に付随するもので、刑訴法220条１項１号による被疑者の捜索ではない。

2　逮捕の際の武器使用

☞　逮捕に当たり、被疑者が抵抗したときは、逮捕の目的を達成し、その効果を維持するために、社会通念上必要かつ相当と認められる限度（比例原則）で実力を行使することができる（最判昭50.4.3刑集29-4-132）。

☞　また、犯人の逮捕のため必要であると認められる場合には、その事態に応じ合理的に必要と判断される限度において、武器を使用することができる（警職法７条）。また、警棒等を武器に代わるものとして使用することができる。

◆主要判例

東京高判昭53.5.31刑裁月報10-4＝5-883

通常逮捕状を執行するに際し、その逮捕状の効力として、被疑者以外の第三者の身柄拘束が許されることを法律上直接明示した規定はないので、逮捕状により逮捕する際、第三者が被疑者を逃がそうとして警察官に抵抗するとき、これを防ぐために他に手段がないと思料される場合には、第三者に対しても自由制限の措置が許される場合がある。

第10章　逮捕後の手続

■刑訴法

〔検察官・司法警察員への引致〕

第202条　検察事務官又は司法巡査が逮捕状により被疑者を逮捕したときは、直ちに、検察事務官はこれを検察官に、司法巡査はこれを司法警察員に引致しなければならない。

〔司法警察員の手続、検察官送致の時間の制限〕

第203条　司法警察員は、逮捕状により被疑者を逮捕したとき、又は逮捕状により逮捕された被疑者を受け取つたときは、直ちに犯罪事実の要旨及び弁護人を選任することができる旨を告げた上、弁解の機会を与え、留置の必要がないと思料するときは直ちにこれを釈放し、留置の必要があると思料するときは被疑者が身体を拘束された時から48時間以内に書類及び証拠物とともにこれを検察官に送致する手続をしなければならない。

② 前項の場合において、被疑者に弁護人の有無を尋ね、弁護人があるときは、弁護人を選任することができる旨は、これを告げることを要しない。

③ 司法警察員は、第１項の規定により弁護人を選任することができる旨を告げるに当たつては、被疑者に対し、弁護士、弁護士法人又は弁護士会を指定して弁護人の選任を申し出ることができる旨及びその申出先を教示しなければならない。

④ 司法警察員は、第１項の規定により弁護人を選任することができる旨を告げるに当たつては、被疑者に対し、引き続き勾留を請求された場合において貧困その他の事由により自ら弁護人を選任することができないときは裁判官に対して弁護人の選任を請求することができる旨並びに裁判官に対して弁護人の選任を請求するには資力申告書を提出しなければならない旨及びその資力が基準額以上であるときは、あらかじめ、弁護士会（第37条の３第２項の規定により第31条の２第１項の申出をすべき弁護士会をいう。）に弁護人の選任の申出をしていなければならない旨を教示しなければならない。

⑤ 第１項の時間の制限内に送致の手続をしないときは、直ちに被疑者を釈放しなければならない。

cf. 犯捜規130条〔司法警察員の処置〕、134条〔弁解録取上の注意〕

要件

① 司法巡査による引致
② 司法警察員の手続
　ア 直ちに犯罪事実の要旨及び弁護人選任権を告げる
　イ 弁解の機会を与える
　ウ 被疑者国選弁護人選任制度に関する教示
　エ 留置の必要があるときは48時間以内に検察官に送致
　オ 留置の必要がないときは釈放

1 逮捕後の手続

POINT 引致後に逃走した場合

被疑者の逮捕は、その身体を官公署に引致したときに完了する。

逮捕した被疑者が官公署への引致前に逃走した場合には、発せられている逮捕状で逮捕することができるが、引致後に逃走した場合は、新たに逮捕状を請求しなければならない。

引致後、留置中に逃走した場合も、改めて請求した逮捕状により逮捕しなければならない。

(1) 司法巡査による逮捕の場合

司法巡査が逮捕状により被疑者を逮捕したときは、直ちに、これを司法警察員に引致しなければならない（刑訴法202条）。

☞ 司法巡査には、身柄の釈放権限はない。

定義 「引致」とは、逮捕した被疑者又は現行犯人を司法巡査から司法警察員に強制力を用いて連れて行くことをいう。

定義 「直ちに」とは、通常、被逮捕者を引致場所まで連行するのに必要最小限の時間である。

☞ 逮捕から引致までの時間は、地理的関係や交通事情等も考慮して、連行に必要な最小限度の時間であれば違法とはいえない。

☞ 引致すべき場所は、原則として、事件を処理する司法警察員が所属する警察署等である。

☞ 司法巡査が一般私人から現行犯人を受け取った場合は、速やかに犯人を司法警察員の下に引致しなければならない（刑訴法215条１項）。この場合、現行犯人逮捕手続書（乙）（司法警察職員捜査書類基本書式例様式第18号）を作成する。

◆主要判例――引致が違法とされた事例

大阪地決昭58.6.28判タ512-199

司法巡査による通常逮捕後、司法警察員への引致まで約11時間15分を要した引致の遅延と、司法警察員による犯罪事実及び弁護人選任権の告知並びに弁護の機会の付与の遅延にやむを得ない事情がなく、逮捕手続に重大な違法があるとして、勾留請求を却下した。

(2) 司法警察員による逮捕と司法巡査から被疑者を受け取った場合

司法警察員は、被疑者を自ら逮捕したとき、又は司法巡査から逮捕された被疑者を受け取ったときは、直ちにその者について、①犯罪事実の要旨を告げ、②弁護人選任権を告げた上、③弁解の機会を与え、その結果を弁解録取書に記載しなければならない（刑訴法203条１項、犯捜規130条１項）。

【逮捕後の手続の流れ】

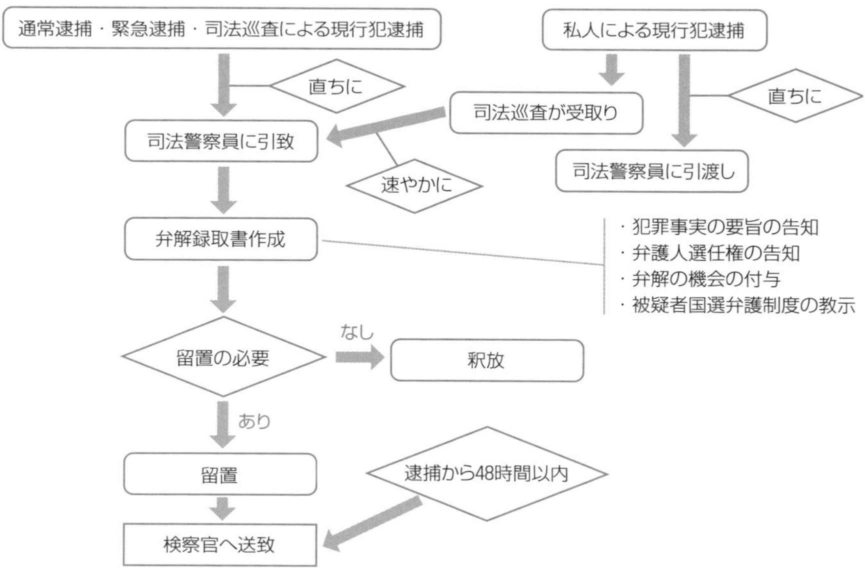

☞　司法警察員は、留置の必要がないと思料するときは、直ちに被疑者を釈放し、留置の必要があると思料するときは、被疑者が身体を拘束された時から48時間以内に書類及び証拠物とともに身柄を検察官に送致する手続をしなければならない（刑訴法203条１項）。被疑者の留置の要否又は釈放について、警察本部長又は警察署長の指揮を受けなければならない（犯捜規130条１項柱書）。

根拠　犯罪事実の要旨及び弁護人選任権の告知は、憲法34条前段の要求による。

☞　司法警察員は、弁護士、弁護士法人又は弁護士会を指定して弁護人の選任を申し出ることができる旨及びその申出先（刑訴法203条３項、犯捜規130条１項３号）並びに被疑者国選弁護人制度に関する事項（刑訴法203条４項、犯捜規130条２項）を教示しなければならない。

☞　弁護人を選任しようとする被告人又は被疑者は、弁護士会に対し、私選弁護人の選任の申出をすることができる（刑訴法31条の２）。

なお、被疑者に弁護人の有無を尋ねて、既に弁護人が選任されているときは、弁護人選任権の告知は要しない（刑訴法203条２項）。

POINT　被疑者国選弁護人選任制度に関する教示について

被疑者国選弁護人制度の対象となる事件（刑訴法37条の２第１項）について、司法警察員は、被疑者を逮捕し、弁護人選任権を告知する時に合わせて、

❶　引き続き勾留を請求された場合において貧困その他の事由により自ら弁護人を選任することができないときは、裁判官に対して弁護人の選任を請求することができる旨（犯捜規130条２項１号）

❷　裁判官に対して弁護人の選任を請求するには資力申告書を提出しなければならない旨（同項２号）

❸　その資力が基準額（50万円）以上であるときは、あらかじめ、弁護士会（刑訴法37条の３第２項の規定により31条の２第１項の申出をすべき弁護士会をいう。）に弁護人の選任の申出をしていなければならない旨（同項３号）

を教示しなければならない（刑訴法203条４項）。

☞　教示の対象は、被疑者国選対象事件（刑訴法37条の２第１項）について逮捕した被疑者であるから、対象事件以外の事件で逮捕した被疑者を罪名を切り替えて対象事件で送致する場合（例えば、傷害罪で逮捕して被害者死亡により傷害致死罪で送致するなどの場合）には、検察官が教示をするので、司法警察員は教示の必要がない。

◆主要判例———弁護人依頼権侵害とされた事例

大阪地判平元.12.7判タ744-215

被疑者が別件大麻取締法違反の嫌疑による現行犯逮捕の当初から申し出ていた弁護人への連絡が18時間以上も遅延したことを理由として、その逮捕中に覚醒剤取締法違反の嫌疑により捜索差押許可状を得て強制採尿を行った一連の措置には、弁護人依頼権を侵害する違法がある。

———外国人への告知が違法とされた事例

浦和地判平2.10.12判タ743-69

来日後日の浅いパキスタン人で、母国語（ウルドゥ語）以外英語も日本語も理解せず、知能程度も低く、日本の法律制度はおろか自国の法律制度にも通じていない人物には、黙秘権・弁護人選任権等の告知を、本人に理解し得るような適切な方法で行わなければ、各権利を実質的に保障したことにはならない。

（根拠）刑訴法203条１項により被疑者に与えられる弁解の機会は、告知・聴聞を受ける権利（憲法31条）の保障から被疑者に認められたものであるが、併せて、司法警察員に留置の必要について検討させる機能がある。

☞ 弁解の機会を与えた際、弁解録取書を作成する（犯捜規130条１項４号）。

弁解録取書には、刑訴法203条１項の手続を行ったことを担保するために作成しなければならないもの（司法警察職員捜査書類基本書式例様式第19号）と、刑訴法203条３項に規定されている事項を教示したことを担保するために作成するもの（同様式第19号別紙）とがある。

☞ 弁解録取は、弁解の機会が与えられた被疑者の言い分を聞き取るもので取調べではないので、供述拒否権を告知する必要はない（最判昭27.3.27刑集6-3-520）が、弁解録取の機会に供述拒否権を告げて取調べに移るのが適当であろう。

☞ 被疑者の弁解を録取するに当たって、被疑者の供述が犯罪事実の核心に触れる等弁解の範囲外にわたると認められるときは、弁解録取書に記載することなく、被疑者供述調書を作成しなければならない（犯捜規134条）。

☞ 逮捕した被疑者については、引致後速やかに指紋を採取し、写真その他鑑識資料を確実に作成するとともに、指掌紋照会並びに余罪及び指名手配の有無を照会しなければならない（犯捜規131条）。

☞ 身柄拘束された被疑者の指紋若しくは足型を採取し、身長若しくは体重を測定し、又は写真を撮影するには、被疑者を裸にしない限り、逮捕の効力の範囲にあるので、令状は不要である（刑訴法218条３項）。

想定問答　泥酔者等に対する弁解録取

Q　逮捕後引致された被疑者が、泥酔状態などで分別能力がなくなっている場合の弁解録取はどのようにするか。

A　被疑者が泥酔状態などで分別能力がない状態でも、直ちに被疑事実の要旨、弁護人選任件及び弁護人等への連絡について告知して、弁解の機会を与えなければならない。もっとも、上記の手続を引致後行ってから、手続の適法性の観点から、酔いがさめてから再度告知することによって、弁解の機会を重ねておくのが適切であろう。

◆主要判例――身体検査が違法とされた事例

東京高判平4.9.24高民集45-3-161

逮捕後引致された被逮捕者を留置施設に留置するに当たり、留置の目的を達成し、自殺、自他傷等の事故防止、留置施設の秩序維持のため凶器等の危険物所持を調べる目的で、警察は営造物管理権に基づく身体検査を行うことができるが、被逮捕者に対する営造物管理権に基づく身体検査は、被逮捕者の地位及び身体検査の目的からみて、必要最小限度の範囲内において、かつ、その名誉や羞恥心を含む基本的人権を不当に侵害することのないような相当な方法によって行わなければならないものというべきであるとして、自動車の無免許運転の現行犯として逮捕されて警察署に引致され、同署付属の留置施設に留置された女性被疑者に対して、危険物を隠匿する可能性は極めて少なく、隠匿の蓋然性を認めるに足る具体的事実関係が客観的に存在していたということもできないのに、股間検査としてパンツを脱がせ、脚の屈伸運動をさせるなどしたことは、営造物管理権に基づく身体検査の必要性の要件を欠く違法なものというべきである。

☞　留置の必要がないと判断すれば、被疑者を直ちに釈放し（犯捜規130条３項）、留置の必要があると判断するときは、被疑者が身体を拘束されたときから48時間以内に書類及び証拠物とともに身柄を検察官に送致しなければならない（刑訴法203条１項）。

☞　48時間以内に送致手続が完了していればよく、その時間内に検察官の下に被疑者の身柄が物理的に到着していなければならないわけではない。

想定問答　**留置の必要性の判断**

Q　留置の必要性は、どのように判断すればよいか。

A　留置の必要性は、事案の軽重及び態様並びに逃亡、罪証隠滅、通謀等捜査上の支障の有無並びに被疑者の年齢、境遇、健康その他諸般の状況を考慮しなければならない（**犯捜規130条４項**）とされている。

一般的には、被疑者の供述態度・供述内容のほか、その家族関係・勤務状況・資産状況・前科前歴など広範な資料を総合して判断すべきである。

◇主要判例――被疑者の留置についての違法性の判断基準

最判平8.3.8民集50-3-408（国家賠償事件）

司法警察員による被疑者の留置については、司法警察員が、留置時において、捜査により収集した証拠資料を総合勘案して刑訴法203条１項に定める留置の必要性を判断する上において、合理的根拠が客観的に欠如していることが明らかであるにもかかわらず、あえて留置したと認め得るような事情がある場合に違法となる。

――留置を違法とした事例

浦和地判平2.1.24判時1346-124

極めて軽微な交通法令違反事件であって、かつ、行為者の身元が判明しており、逃走のおそれがないと認められる場合には、特段の事情が認められない以上、現行犯人を留置する必要はない。

東京地八王子支判昭63.8.31判時1298-130

【事案】　交通事故の損害賠償の話し合いから殴り合いのけんかが始まり、駆け付けた警察官が現場の状況からＸを傷害罪で現行犯逮捕し、警察署へ引致して同人及び関係者を取り調べたのち、留置したというもの。

【判旨】　現行犯逮捕についてはその必要性を肯定して適法としたが、警察署での関係者の取調べなどによってＸに逃亡、罪証隠滅のおそれがなくなっていたとして、逮捕に続く留置については、その必要性を欠き違法である。

☞　送致手続は、司法警察員がしなければならないが、必ずしも引致を受けた司法警察員である必要はない。

☞　48時間の制限内に送致の手続をしないときは、直ちに被疑者を釈放しなければならない（刑訴法203条５項）。

2　引致場所及び留置場所

逮捕状には、「引致すべき場所」を記載する（刑訴法200条１項）。

(根拠)「引致すべき場所」の記載は、被疑者の所在を明確にするとともに、その場所で被疑者の防御権行使の手続が確実に行われていることを保障するためである。

☞　一般的には、請求者の所属する警察署や検察庁が引致場所となるが、官公署以外の場所を捜査本部とするような場合も予想されるので、「その他の場所」でもよい。

☞　引致場所は特定されなければならないが、「○○警察署又は逮捕地を管轄する警察署」との記載も許される（昭24.6.13最高裁刑２第8378号刑事局長通達）。

☞　逮捕状発付後も、身柄拘束前であれば、裁判官の許可により引致場所の変更も許される（犯捜規124条、司法警察職員捜査書類基本書式例様式第12号（引致場所変更請求書）参照）。

☞　逮捕状に、引致すべき場所の記載は要求されているが、被疑者をどこに留置するのか、刑訴法に留置場所についての定めは特にない。

被疑者を引致した場合において必要があるときは、これを刑事施設に留置することができる旨の定めがあるのみである（刑訴法209条、75条）。

☞　逮捕状は、被疑者の身柄拘束の許可状であって、留置場所まで指定するものではなく、現行犯逮捕の場合には裁判官の関与の余地はなく、また、被疑者の留置場所についての裁判官の審査は勾留の際になされる（刑訴法207条１項）ので、逮捕して被疑者を引致した後、どこを留置場所とするかは捜査機関の裁量である。

◇主要判例――留置場所の変更

最決昭39.4.9刑集18-4-127

逮捕状の執行によって引致された被疑者を留置する必要がある場合には、他の警察署の留置施設に変更することができる。

☞　捜査機関は、留置の必要（被疑者の逃亡・罪証隠滅のおそれの防止）を満たす適当な場所に被疑者を留置することができる。

☞　留置場所の選択・変更は、留置の必要や留置施設の収容能力などから判断されるべきである。共犯者や暴力団関係者が留置されていれば、通謀を防止するため、別の場所に留置する必要がある。

第11章　令状による捜索・差押え(1)
～捜索・差押えと令状請求・発付～

■刑訴法

〔令状による差押え・記録命令付差押え・捜索・検証〕

第218条　検察官、検察事務官又は司法警察職員は、犯罪の捜査をするについて必要があるときは、裁判官の発する令状により、差押え、記録命令付差押え、捜索又は検証をすることができる。この場合において、身体の検査は、身体検査令状によらなければならない。

②　差し押さえるべき物が電子計算機であるときは、当該電子計算機に電気通信回線で接続している記録媒体であつて、当該電子計算機で作成若しくは変更をした電磁的記録又は当該電子計算機で変更若しくは消去をすることができることとされている電磁的記録を保管するために使用されていると認めるに足りる状況にあるものから、その電磁的記録を当該電子計算機又は他の記録媒体に複写した上、当該電子計算機又は当該他の記録媒体を差し押さえることができる。

③　〔略〕

④　第１項の令状は、検察官、検察事務官又は司法警察員の請求により、これを発する。

⑤・⑥　〔略〕

〔差押え等の令状の方式〕

第219条　前条の令状には、被疑者若しくは被告人の氏名、罪名、差し押さえるべき物、記録させ若しくは印刷させるべき電磁的記録及びこれを記録させ若しくは印刷させるべき者、捜索すべき場所、身体若しくは物、検証すべき場所若しくは物又は検査すべき身体及び身体の検査に関する条件、有効期間及びその期間経過後は差押え、記録命令付差押え、捜索又は検証に着手することができず令状はこれを返還しなければならない旨並びに発付の年月日その他裁判所の規則で定める事項を記載し、裁判官が、これに記名押印しなければならない。

②　前条第２項の場合には、同条の令状に、前項に規定する事項のほか、差し押さえるべき電子計算機に電気通信回線で接続している記録媒体であつて、その電磁的記録を複写すべきものの範囲を記載しなければならない。

③　〔略〕

cf. 憲法35条〔住居の不可侵〕

犯捜規108条〔人の住居等の任意の捜索の禁止〕、137条〔令状の請求〕、138条〔令状請求の際の注意〕

要 件

① **司法警察職員**

② **犯罪の捜査をするについて必要があるとき**

③ **裁判官の発する捜索差押許可状によること**

1 定 義

定義 **捜索**とは、一定の場所について人又は物の発見を目的として行われる強制処分をいう。

定義 **人の捜索**は、住居その他の場所につき、被疑者の発見を目的として行う。

☞ 人の捜索は、被疑者の逮捕を目的として行われる場合が多い。被疑者を逮捕する場合、必要があれば、捜索許可状なしに人の住居に立ち入ることが許される（刑訴法220条１項１号）。

定義 **物の捜索**は、人の身体、物件又は住居その他の場所につき、証拠物又は没収すべき物（刑訴法222条１項、99条１項）の発見を目的として行う。

☞ 物の捜索は、その物の差押えを目的として行われるため、通常、捜索許可状と差押許可状を併せた一通の捜索差押許可状の発付を受けて行われる。

定義 **押収**とは、物の占有を取得する処分である。

定義 押収のうち、所有者、所持者又は保管者から、証拠物又は没収すべきものと思料する物の占有を強制的に取得する処分を**差押え**（刑訴法99条、218条、220条）といい、被告人、被疑者その他の者が遺留した物又は所有者、所持者若しくは保管者が任意に提出した物の占有を取得する処分を**領置**（刑訴法101条、221条）（➡第20章180頁以下参照）という。

定義 **証拠物**とは、証拠となる有体物で代替性のないものをいう。

定義 **没収すべき物**には、必要的没収の対象物だけでなく任意的没収の対象物（刑法19条）も含まれる。

☞ 没収の対象物には、①犯罪組成物、②犯罪供用物、③犯罪生成物・犯罪取得物等がある。

犯罪供用物は、犯行の際、これを犯行の用に供する意思で犯行に直接利用した物件をいうので、犯行時に身に着けていたために犯行に役立ったという物はこれに当たらない。

☞　捜索・差押えは、捜査機関による対物的強制処分である。

【捜索と押収】

捜索	被疑者や差押対象物を捜す**強制処分**
押収	差押え＝強制的に占有を取得する**強制処分**
	領置＝任意提出された物の占有を取得する**任意処分**

（根拠）憲法35条１項は、個人の住居の平穏と財産の安全を保護するため、捜査の必要性と保護されるべき個人のプライバシーとの調整原理を定める。

☞　中立・公平な第三者である司法官憲たる裁判官により事前に審査された正当な理由に基づき、捜索する場所及び押収する物を明示する令状によらなければならないとする（令状主義の原則）。

2　捜索・差押えの主体

定義　司法警察職員は、捜索・差押えをすることができる（刑訴法218条１項）。

☞　刑訴法218条１項の規定による捜索・差押えの令状は、原則として指定司法警察員がこれを請求するものとする（犯捜規137条１項）。

司法巡査には、令状請求権が認められていない。

3　犯罪の捜査をするについて必要があるとき

定義「犯罪の捜査をするについて必要があるとき」とは、単に捜査のため必要があるというだけでなく、捜索・差押えを行わなければ、その目的を達することができない場合をいう。

☞　任意捜査でその目的を達し得るときは強制捜査をすべきではないが、「犯罪の捜査をするについて必要があるとき」といえるかは具体的状況によって判断される。

想定問答　差押えの必要性の判断基準

Q 差押えの必要性について、具体的には、どのように考えるのか。

A 対象物が、証拠物又は没収すべき物と思料されるときは、一般的に差押えの必要性が認められるが、当該犯罪の態様・軽重、対象物の証拠としての価値・重要性、差押えを受ける者の不利益の程度その他諸般の事情を考慮して、明らかに差押えの必要がないと認められる場合には、差押えをすべきではない（最決昭44.3.18刑集23-3-153）。

なお、第三者が差押えを受ける者である場合には、その捜索場所に差押えの対象となる物が存在することが認められること（刑訴法102条２項）が重要であり、また、第三者の差押えの結果によって受ける不利益についても考慮する必要がある。

☞ 裁判官は、明文には規定されていないが、捜索・差押えの必要性についても審査できると解される（最決昭44.3.18刑集23-3-153）。

もっとも、裁判官は、捜査の内容を知り得る立場にはないので、捜査機関からの令状請求に当たって積極的に必要性がないことが明らかになった場合には、令状を発付しないこととなろう。

☞ 捜索・差押えの必要性は、令状請求時だけでなく、許可状が発付された時点、処分をする時点でも必要である。

想定問答　再捜索の可否

Q 再捜索は許されるのか。

A 刑訴法は再捜索について定めていない。

一般的に、同一事実により同一場所につき、ほぼ同一の証拠物を差し押さえるべき物として再捜索ないし再々捜索する場合は、その捜索の必要性及び差し押さえるべき物がなお存在するという蓋然性は通常低くなる。

しかし、最初の捜索の際、目的とする証拠物を発見できなかったが、後日、被疑者の供述等から、証拠物をその場所に隠匿していたことが判明したような場合、同一事実による同一物に対する同一場所の再捜索について、捜索の必要性が認められれば許される。

◆主要判例――――再捜索を認めた事例

名古屋地判平14.3.22判時1794-108

第一次捜索後、新たな在所者が被疑事実に関する証拠資料を活動拠点である建物に持ち込んでいる蓋然性があったことなどから、同じ建物を再捜索するとともに、在所者の身体に対する捜索及び差押えも行う必要があるとした警察官の判断は、根拠のないものとは認められない。

横浜地判平8.5.8判タ928-69

証拠物の証拠価値、重要性が捜査の進展上得られた他の証拠資料との関係で変動し、既に同一証拠物について捜索が行われていたにしても、捜索漏れが生じることも否定できない。捜査官が捜索・差押えの必要性があって、なお証拠物が存在する蓋然性があるとした判断には合理性が全く認められないとまではいえない。

4　捜索差押許可状の請求・発付

要　件

- 捜索差押許可状の請求
  - ①　司法警察員（指定司法警察員）
  - ②　捜索・差押えの実体要件のあること
    - ア　捜査のため必要があること
    - イ　被疑者が罪を犯したと思料されること
  - ③　刑訴規則155条１項１～７号に定めた事項を記載すること
  - ④　被疑者が罪を犯したと思料されるべき資料（疎明資料）を提供すること
- 捜索差押許可状の発付
  - ⑤　裁判官による審査・発付

☞　捜索差押許可状は、裁判官による許可状であり、執行の義務を負わない。

(1)　捜索差押許可状の請求権者と要件

☞　捜索差押許可状請求は、指定司法警察員が行う（犯捜規137条１項）。

☞　令状を請求するに当たっては、①捜査のため必要があること、②被疑者が罪を犯したと思料されること、③捜索すべき場所、身体若しくは物、差し押さえるべき物等を明確にして行わなければならない（刑訴法218条１項、刑訴規則155条１項）。

POINT　犯罪事実の要旨の記載

令状請求に当たって、「犯罪事実の要旨」を記載する（刑訴規則155条１項４号）こととしている。

これは、具体的に犯罪事実の要旨を記載することによって令状請求が正当な理由に基づくものであることを明らかにする趣旨である。また、犯罪事実の要旨が記載されることによって、捜索・差押えの対象の特定に役立つからである。

しかし、**捜索差押許可状には、「犯罪事実の要旨」を記載することは求めていない（刑訴法219条１項）。**

これは、捜索差押許可状に犯罪事実の要旨が記載されると、執行の際に令状の提示（刑訴法222条１項、110条）によって、被疑者に逃走・罪証隠滅をされたり、被疑者やその他の関係者の名誉を損ねるなどにより、捜査に多大の支障を来すおそれがあるからである。

したがって、捜査の秘密が漏れるなどして捜査に重大な影響が考えられるときには、そのことを明らかにする捜査報告書等を作成して、裁判官に説明して令状発付を求めることになる。

☞　嫌疑の程度は、有罪判決を得るに足りるものであることを要するものではなく、客観的に犯罪の嫌疑が一応存在することを根拠付けるものであれば足り、通常逮捕における「相当な理由」より低くてよい（京都地決昭47.12.27刑裁月報4-12-2040）。

☞　捜査官が犯罪の嫌疑が一応存在すると考えたことについて、令状請求の時点の諸般の状況に照らして著しく合理性を欠くものでない限り適法であり、後に結果的に令状執行時に押収すべき物が存在しなかったことが判明したとしても、違法になるものではない。

(2)　捜索すべき場所・物の明確化

（根拠）「捜索すべき場所」を明確にするのは、憲法35条１項の要請するところである。

POINT　「捜索すべき場所」の範囲と管轄権

「捜索すべき場所」は、一般的に、合理的に解釈してその場所を特定し得る程度であれば足り、場所が明確であることと、場所に対する住居権、管理権（以下「管理権等」という。）が単一であることが要件となる。

令状にはそれぞれの**管理権等ごとに、その範囲が明確になるように記載される必要がある。**もっとも、１個の管理権等の下にあるような住宅と同一敷地内の物置や車庫などは主たる建物を記載すれば足りるし、反対に、同一建物内でも管理権等が異なるそれぞれの事務所については、各別の令状が発せられなければならない。

同一場所に対して複数の管理権等が競合するような場合、例えばホテルの各客室などは、１室につき１通の令状を発するか、１通の令状に捜索対象となる各室の番号を表示すべきである。

◆主要判例――場所の特定が必要とした事例

東京地判昭50.11.7判時811-118

ホテルなどの客が宿泊中の客室を捜索する場合、対象を単にホテル・旅館などとした令状でその捜索をすることは許されず、当該場所の捜索を許可した趣旨の許可状による必要がある。

――特定された場所の捜索が適法とした事例

最決昭61.3.12判タ609-47

【事案】 被告人が他に転出していたのに、捜索すべき場所を「Ａ号被疑者居室」として捜索差押許可状の発付を受け同室を捜索したもの。

【判旨】 捜索時被告人が同居室から転居していたとしても、郵便受けの名前の表示、同室の構造や室内の状況等からその捜索を実施したのは適法である。

想定問答　一戸建て住居に同居する場合の「捜索すべき場所」

Q 成人の被疑者Ｘが、世帯主である父親Ｙと一戸建て住宅に同居している場合、捜索差押許可状の「捜索すべき場所」は、Ｘ方かＹ方か、いずれとすべきか。

A この場合、同居していても、いわゆる二世帯住宅のように管理権等が区別される場合ではないので、世帯主であるＹ方居宅を「捜索すべき場所」としてよい。

もっとも、Ｙ方がＸの居住先であり、実家であるという、捜索すべき必要性を明確にしておくべきであろう。

POINT　銀行等の貸金庫の場合の特定方法

銀行等の貸金庫については、単に「○○銀行△△支店貸金庫」という記載ではなく、「○○銀行△△支店内××名義の貸金庫」とか、「○○銀行△△支店内第××号貸金庫」というように、第三者のプライバシーが侵害されないように、捜索すべき貸金庫を他の貸金庫と区別できる程度に特定すべきである。

死者を被疑者とする捜索差押許可状請求の可否

死者に対する捜索差押許可状の請求も、死亡した被疑者以外に他の犯人が存在し得ないことが明白な場合には、捜査をする必要がないのでできないと解されるが、それ以外の場合、例えば、被疑者は死亡したが、共犯者がいる場合や、被疑者宅に禁制品が隠匿されている可能性がある場合など、捜査の目的を達するために必要性がある場合には、死者を被疑者とする捜索差押許可状を請求することは許されると解する。

想定問答　自動車に対する捜索許可状

Q　自動車内にある証拠物を差し押さえるための自動車に対する捜索許可状については、どのように考えればよいか。

A　**公道上に駐車又は公道上を走行している場合**であれば、自動車そのものを捜索場所として特定（車両番号、車名、型式、所有者名など）すればよい。走行中の自動車の停止は、「必要な処分」（刑訴法222条１項、111条）としてなし得る。

駐車場に止めてある自動車の場合、自動車の所有者と駐車場の管理者が同一であれば、同一管理権（例えば、××方敷地に所在する同人所有の車両番号○○の自家用車）の及ぶものとして１通の令状でよいが、それが異なり、自動車の所有者以外の第三者が所有・管理する駐車場に駐車してある自動車に対する捜索の場合には、第三者が所有・管理する駐車場に対する捜索許可状と、自動車に対する捜索差押許可状の２通を請求し、令状の発付を受けて駐車場に立ち入るか、管理権者の任意の承諾を得て駐車場内に立ち入るか、自動車が公道上に出てくるのを待って捜索することとなろう。

なお、夜間執行の制限を受けることになることに留意しておく必要がある。

自動車内にある運転者以外の者の所持品に対する捜索は、その者が車内の管理権を有すると考えられる場合を除いて許されないと考えられる。また、運転者や同乗者の身体の捜索は、制約される法益が異なるので、原則として自動車の捜索許可状では許されない。

POINT　同乗者の身体に対する捜索

車両に対する捜索差押許可状による同乗者の身体の捜索は、原則として許されない。しかし、同乗者が証拠を隠匿していると認めるに足りる客観的な状況があれば、同人の身体を捜索することもできる。

☞　捜索差押許可状に差し押さえるべき物として自動車と記載されている場合、自動車の積載品を自動車と一体をなしているとみて一個の物件として差し押さえることを許可したものであるとは解されない。したがって、自動車を差し押さえる場合には、自動車内部にどのような物品が積載されているかを点検し、差押対象物以外の積載品は被押収者に返還した上で、自動車を差し押さえるべきである（岐阜地判平9.4.17判例地方自治172-101）。

(3) 概括的な記載の可否

☞ 捜査の初期の段階では、どこにどのような証拠が存在するのか確定できない場合も少なくない。

したがって、「差し押さえるべき物」の特定についても、「本件に関する一切の証拠」というような包括的な記載は許されないが、「……など本件に関係ありと思料される一切の物件」といったような、具体的に特定された物件あるいは種類を例示した上での概括的な記載は、例示された物件によって対象を限定しているので許される。

◘主要判例———差し押さえるべき物の特定

最大決昭33.7.29刑集12-12-2776

違法ストライキのあおり、そそのかしという地方公務員法違反被疑事件における捜索差押許可状に、差し押さえるべき物として、「会議議事録、斗争日誌、指令、通達類、連絡文書、報告書、メモその他本件に関係ありと思料せられる一切の文書及び物件」という記載がなされていたが、「本件許可状における捜索すべき場所の記載は、憲法35条の要求する捜索する場所の明示として欠けるところはないと認められ、また、本件許可状に記載された『本件に関係ありと思料せられる一切の文書及び物件』とは、『会議議事録、斗争日誌、指令、通達類、連絡文書、報告書、メモ』と記載された具体的な例示に付加されたものであって、同許可状に記載された地方公務員法違反被疑事件に関係があり、かつ、右例示の物件に準じられるような闘争関係の文書、物件を指すことが明らかであるから、同許可状が物の明示に欠けるところがあるということもできない。」旨判示した。

(4) 令状の請求先

☞ 捜索差押許可状の請求は、原則として、司法警察職員が所属する官公署の所在地を管轄する地方裁判所又は簡易裁判所の裁判官にこれをしなければならない（刑訴規則299条１項）。

なお、少年事件については、管轄する家庭裁判所の裁判官にもこれをすることができる（刑訴規則299条２項）。

(5) 令状請求書の記載

☞ 令状請求書には、規則に定める事項を記載し（刑訴規則155条）、被疑者が罪を犯したと思料されるべき資料を提供しなければならない（刑訴規則156条）。

● **差押等の令状請求書の記載要件（刑訴規則155条１項）**

① 差し押さえるべき物、記録させ若しくは印刷させるべき電磁的記録及びこれを記録させ若しくは印刷させるべき者又は捜索すべき場所、身体若しくは物

☞ 差し押さえるべき物、捜索すべき場所は、住居権・管理権ごとに区別できるように記載する必要がある。

② 請求者の官公職氏名

③ 被疑者又は被告人の氏名（被疑者又は被告人が法人であるときは、その名称）

☞ 原則として、戸籍上の氏名を記載する。被疑者の氏名が明らかでないときは、人相・体格その他被疑者を特定するに足りる事項を記載すればよい（刑訴規則155条３項）。

なお、被疑者が判明していない場合は、「被疑者不詳」で足りる。

④ 罪名及び犯罪事実の要旨

☞ 刑法犯の場合、罪名を記載すればよいが、特別法犯の場合、法律名に「違反」という語句を付加して記載すればよい（前出最大決昭33.7.29刑集12-12-2776）。

⑤ ７日を超える有効期間を必要とするときは、その旨及び事由

⑥ 刑訴法218条２項の場合には、差し押さえるべき電子計算機に電気通信回線で接続している記録媒体であって、その電磁的記録を複写すべきものの範囲（➡第12章「６　電磁的記録の捜索・差押え」117頁を参照）

☞ 差押対象物たるコンピュータで作成したメールを保管しているメールサーバや、当該コンピュータで作成した文書ファイルを保管しているリモートストレージサービスのサーバ等の「差し押さえるべき電子計算機に電気通信回線で接続している記録媒体」と記録媒体の所在地によってする必要はなく、差し押さえるべき電子計算機の利用形態に着目して「その電磁的記録を複写すべきものの範囲」を特定する。

⑦ 日出前又は日没後に差押え、捜索をする必要があるときは、その旨及び事由

（根拠）「差し押さえるべき電子計算機に電気通信回線で接続している記録媒体であって、その電磁的記録を複写すべきものの範囲」を記載するのは、情報化社会においてコンピュータ・ネットワークの利用が普及し、コンピュータにより処理すべき電磁的記録をネットワークを利用して物理的に離れた場所にあるサーバ等に送信して保管することが日常的になったことから、サーバ等の記録媒体にある電磁的記録を複写し、複写した電磁的記録媒体の差押えを認めることにある。

⑹　疎明資料の添付

☞　捜索・差押えの令状を請求するに当たっては、被疑者が罪を犯したと思料される疎明資料を添えて行わなければならない（犯捜規139条１項）。

POINT　疎明の程度

疎明の程度は、通常逮捕における「相当な理由」より低い嫌疑で足りる。

疎明資料には、被疑者が罪を犯したと思料される被疑者供述調書、参考人供述調書、捜査報告書などがある。

⑺　個別の要件

ア　被疑者以外の者（刑訴法222条１項、102条２項）

被疑者以外の者の身体、物又は住居その他の場所については、差し押さえるべき物の存在を認めるに足りる状況があること（刑訴規則156条３項、犯捜規139条２項）。

イ　郵便物（刑訴法222条１項、100条）

被疑者から発し、又は被疑者に対して発したもの以外の郵便物、信書便物又は電信に関する書類で法令の規定に基づき通信事務を取り扱う者が保管し、又は所持するものについては、被疑者事件に関係があると認めるに足りる状況があること（刑訴規則156条２項、犯捜規139条３項）。

被疑者から発し、又は被疑者に対して発したものは全て差し押さえることができる。

ウ　公務上の秘密、業務上の秘密（刑訴法222条１項、103条、105条）

公務員（公務員であった者を含む。）が保管・保持する物で職務上の秘密に関するものについては、差押えを拒否できる。職務上の秘密に関するものという申立てがあった場合は、原則として、監督官庁の承諾が必要である。

医師、歯科医師、助産師、看護師、弁護士、弁理士、公証人、宗教の職に在る者（これらの職にあった者を含む。）が、委託を受けて保管・所持する物で他人の秘密に関するものについては、差押えを拒否できる。本人が承諾した場合、本人のためのみにする権利の濫用と認められる場合は拒否できない。

エ　夜間執行の制限（刑訴法222条３項、116条、117条）

日出前、日没後は、原則として許可がなければできない。

賭博や風俗を害する行為に常用される場所や、公開されていて夜間でも公衆が出入りすることができる場所は例外となる。

☞　ホテル・旅館の客室は夜間執行の許可が必要。

オ　記録命令付差押え

定義 記録命令付差押えとは、電磁的記録を保管している通信プロバイダなどの通信事業者等に対し、記録媒体に保管されている電磁的記録をほかの記録媒体に記録させ又は印刷させた上、その記録媒体を差し押さえる強制処分をいう（刑訴法218条１項、99条の２）。

☞ 記録命令付差押えは、通信事業者等の協力があって行われる。

通信事業者等は、その保管する電磁的記録媒体について権限を有する者との関係で、任意にこれを開示することができない場合も少なくない。他方、令状があれば、必要な電磁的記録をディスク等の記録媒体に記録して、その記録媒体を提出することに協力する場合も多い。

また、他の記録媒体への記録等が適切に行われることが期待できる場合には、電磁的記録媒体自体を差し押さえるよりも、電磁的記録を記録等させた記録媒体を差し押さえる方が合理的である。

なお、通信事業者等が記録命令付差押えに応じなかった場合には、捜査に必要な電磁的記録が記録されている記録媒体自体を差し押さえることになる。

⑻ 裁判官による審査と発付

☞ 令状の請求を受けた裁判官は、令状を発するに当たり、捜索・差押えの要件及び必要性の有無について審査する。

☞ 令状請求の要件を満たしていると認めるときは、裁判官は、令状を発付しなければならない。

☞ 差押許可状の発付又は却下の裁判に対しては、準抗告できる（最決昭55.11.18刑集34-6-421）。

☞ 令状請求が却下された場合、準抗告の方法によらず、令状請求書を補正し、又は疎明資料を追加するなどして、再度、令状を請求することができる。

第12章　令状による捜索・差押え(2)
～令状による捜索・差押えの執行～

■刑訴法

〔押収・捜索に関する準用規定等〕

第222条　第99条第１項、第100条、第102条から第105条まで、第110条から第112条まで、第114条、第115条及び第118条から第124条までの規定は、〔中略〕司法警察職員が第218条、第220条及び前条の規定によつてする押収又は捜索について〔中略〕これを準用する。ただし、司法巡査は、第122条から第124条までに規定する処分をすることができない。

②　〔略〕

③　第116条及び第117条の規定は、検察官、検察事務官又は司法警察職員が第218条の規定によつてする差押え、記録命令付差押え又は捜索について、これを準用する。

④・⑤　〔略〕

⑥　検察官、検察事務官又は司法警察職員は、第218条の規定により差押、捜索又は検証をするについて必要があるときは、被疑者をこれに立ち会わせることができる。

⑦　〔略〕

〔執行の方式〕

第110条　差押状、記録命令付差押状又は捜索状は、処分を受ける者にこれを示さなければならない。

〔女子の身体の捜索と立会い〕

第115条　女子の身体について捜索状の執行をする場合には、成年の女子をこれに立ち会わせなければならない。但し、急速を要する場合は、この限りでない。

cf. 犯捜規141条〔令状の提示〕、143条〔立会い〕、144条〔被疑者等の立会い〕、145条〔第三者の立会い〕

要件

搜索・差押えの執行

① 適法な捜索差押許可状による捜索・差押えであること
② 捜索差押許可状に記載された場所・身体、物に限られること
③ 捜索差押許可状を被処分者に示すこと
④ 捜索・差押えに立会人がいること
⑤ 捜索証明書・押収品目録の交付

1 捜索・差押えの許容範囲

(1) 同一管理権の及ぶ範囲と場所の同一性

定義 捜索の許容範囲は、同一の住居権・管理権の及ぶ範囲である。

根拠 捜索差押許可状の捜索すべき場所の特定は、無関係の第三者がみだりに住居権を侵害されないようにするためになされるものであるから、同一の住居権・管理権の及ぶ範囲であれば、具体的に記載されていなくても捜索できる。

☞ 同一場所にあっても、他人の排他的な管理が及んでいる場所についての捜索は許されない。

☞ 捜索差押許可状に記載されている捜索すべき場所の地番と実際の地番が若干異なっていても、令状の合理的解釈により場所の同一性を識別できる限り、その場所での捜索・差押えは適法である（最決昭30.11.22刑集9-12-2484）。

☞ 人の住居又は人の看守する邸宅、建造物若しくは船舶につき捜索をする必要があるときは、住居主又は看守者の任意の承諾が得られると認められる場合においても、捜索許可状の発付を受けなければならない（犯捜規108条）。

定義 「人の住居」とは、人の起臥寝食等の日常生活に使用される場所をいうが、建物だけでなく、付随する施設や囲繞地（いにょうち）も含まれる。

定義 「人の看守する」とは、事実上管理・支配されていることをいう。

定義 「建造物」とは、住居及び邸宅以外の建物をいうが、これに付随する施設や囲繞地も含まれる。

☞ 住居の実況見分中に、証拠物を発見した場合には、人の住居等の任意の捜索禁止（犯捜規108条）に照らし、任意提出を受けて領置すべきである。

◇主要判例――搜索すべき場所

東京地決昭49.4.27刑裁月報6-4-530

捜索差押許可状に捜索すべき場所として「何某使用の机」と記載されていた場合、その机の近くに置かれたくずかごも管理権の及ぶ範囲に含まれる。

東京高判平4.10.15高刑集45-3-101
覚醒剤取締法違反につき、捜索場所としてモーテルの「管理人室内」と記載されている捜索差押許可状において、管理人室から離れて存在する（同一の管理権の及ぶ）建物も捜索の対象となる。

(2) 身体や所持品の捜索

☞ 令状に示された「差し押さえるべき物」を所持していると疑われる相当な理由のある者について、罪証隠滅のおそれがあると認められる場合には、身体や所持品の捜索ができる。

◇主要判例――同居する者に対する捜索が適法とされた事例
最決平6.9.8刑集48-6-263
被疑者の内妻であった者に対する覚醒剤取締法違反被疑事件につき、同女及び被疑者が居住するマンションの居室を捜索場所とする捜索差押許可状の発付を受け、上記居室の捜索を実施した際、同室にいた被疑者が携帯するボストンバッグの中を捜索することができる。

――目的物を所持していると疑われる場合に捜索が適法とされた事例
東京地判昭63.11.25判時1311-157
特定の場所を捜索の対象とする捜索令状によって、その場所に現在する人の身体に対しても当然に捜索を行うことができるとまでは解することができないが、捜索場所に現在する人が捜索の目的物（差し押さえるべき物）を所持していると疑うに足りる充分な状況があり、直ちにその目的物を確保する必要性と緊急性があると認めた場合には、場所に対する捜索令状により、その人の身体に対しても強制力を用いて捜索をすることができる。

東京高判平6.5.11高刑集47-2-237
【事案】 組織的な覚醒剤密売事件で、差押えの目的物が「取引メモ、電話番号控帳、覚醒剤の小分け道具」という隠匿が容易な物であるとき、令状が発せられている被疑者の配下の被告人が令状執行場所で最初に発見されたときから両手をトレーナーのズボンのポケットに突っ込んだまま、「関係ない」などと言って捜査員の説得に従わず、部屋を出ていく素振りを見せ、激しく抵抗してその場から逃れようとしたことから、捜索差押許可状で被告人の着衣・身体を捜索したというもの。
【判旨】 場所に対する捜索差押許可状の効力は、当該捜索すべき場所に現在する者が当該差し押さえるべき物をその着衣・身体に隠匿所持していると疑うに足りる相当な理由があり、許可状の目的とする差押えを有効に実現するためにはその者の着衣・身体を捜索する必要が認められる具体的な状況の下においては、その者の着衣・身体にも及ぶものと解するのが相当である。

——被疑者宛の荷物の捜索が適法とされた事例

最決平19.2.8刑集61-1-1

【事案】 警察官が、被告人に対する覚醒剤取締法違反被疑事件につき、捜索場所を「被告人方居室等」、差し押さえるべき物を「覚醒剤等」とする捜索差押許可状に基づき、被告人立会いの下に上記居室を捜索中、宅配便の配達員によって被告人宛に配達され、被告人が受領した荷物について、警察官においてこれを開封したところ、中から覚醒剤が発見されたため、被告人を覚醒剤所持罪で現行犯逮捕し、逮捕の現場で上記覚醒剤を差し押さえたというもの。

【判旨】 警察官は、このような荷物についても捜索差押許可状に基づき捜索できる。

想定問答　現場に居合わせた者の身体又は着衣の捜索の可否

Q 捜索の現場に居合わせた者の身体又は着衣の捜索は許されるか。

A 刑訴法は、捜索の対象を身体、物又は住居その他の場所としている（刑訴法222条１項、102条）。

そこで、場所に対する捜索許可状により、その場所にいる人の身体又は着衣を捜索することは、場所の捜索により制約される管理権とは異なる人身の自由への制約を伴うものであり、一般的には許されない。

捜索場所にいた者が、たまたまその場にいたのか、そこにいることの蓋然性が高いか判明しない場合には、その者の挙動から合理的に判断して、職務質問に付随する所持品検査として実施すべきである。

しかし、捜索場所に現在する者が捜索の目的物を所持していると疑うに足りる相当な理由があり、罪証隠滅のおそれがあると認められる場合には、直ちにその目的物を確保する必要性と緊急性とがあるので、その場所に対する捜索許可状により、その者の身体・着衣に対しても捜索することができる。

POINT　留置されている被疑者の所持品の差押え

被疑者が留置されている場合、同人の所持品を差し押さえる必要があるときは、所持品に対する差押許可状の発付を受け、留置係が差押対象物件を被留置者に還付手続をとり、署長等を立会人として、被留置者に差押対象物件を提示して、当該所持品を差し押さえる。

(3) 被疑者以外の第三者の物の差押え

☞ 被疑者以外の第三者の物の差押えは、第三者の利益と証拠としての必要性を衡量して、差押えの必要性が第三者の利益を上回る場合には差し押さえることも許される。

> **◆主要判例――第三者に対する捜索・差押えが適法とされた事例**
> **京都地決昭46.4.30刑裁月報3-4-617**
> 被疑者以外の第三者の物についても捜査の必要上差押えをなし得るが、所有者又は保管者として当然に有する第三者の利益は、被疑者のそれより重く保護されなければならず、その物を差し押さえることによって、第三者の利益と差押えの必要とが衝突することも免れ難いことから、それらの利益を衡量し、第三者の物を被疑事実の証拠として差し押さえることにつき必要性が十分認められなければならない。

2 捜索差押許可状の提示

(1) 処分を受ける者への事前提示

☞ 捜索差押許可状は、処分を受ける者に示さなければならない（刑訴法222条1項、110条、犯捜規141条）。

根拠 令状の提示の趣旨は、被処分者に対して令状の内容を了知させることによって手続の明確性と公正さを担保し、被処分者の不服申立ての手段を確保して、その利益を図ることにある（東京高判昭44.6.25高刑集22-3-397）。

定義 「処分を受ける者」とは、一般には、物又は場所を現実に占有管理する者である。

必ずしも法律上の権限に基づくことを要せず、物又は場所を事実上支配している者でもよい。

会社等の捜索では、代表者でなくても、管理部長や総務部長などの管理責任者に示せば足りる。

☞ 令状は、原則として、捜索・差押えの執行に着手する前に処分を受ける者に示さなければならない。

想定問答 **証拠隠滅防止等における令状の事前提示の例外**

Q 捜索・差押えの際、証拠隠滅のおそれがある場合にも、令状は執行に着手する前に示さなければならないか。

Ａ 薬物犯罪などで証拠隠滅のおそれがある場合に、事前に処分を受ける者に対して令状を提示していたのでは、捜索・差押えの目的が達せられないことがある。

このような場合には、捜索・差押えの実効性を確保するために必要な措置をとることが必要であるし、被処分者の行動など、状況によっては捜索場所に立ち入る前や立ち入った直後に提示できなくてもやむを得ない場合がある。したがって、証拠隠滅を防止し、捜索・差押えの実効性を確保するために必要であり、社会通念上相当と認められる場合には、事前提示に例外が認められる。

なお、

① 被処分者が不在の場合

② 被処分者が令状による捜索差押許可状の執行であることを知りながら、令状の閲読を拒んだり、暴れたりして、提示を受ける権利を放棄したとみなされる場合（東京地判昭50.5.29判時805-84）

③ 薬物犯罪等で捜査機関の動きを察知されれば容易に対象物件を破棄隠匿されるおそれがある場合（最決平14.10.4刑集56-8-507）

など、令状の事前提示を求めるものではないとした判例がある。

ただし、逮捕状とは異なり、令状を所持しない場合の緊急執行は認められていない。

POINT　相手方が拒否・逃走した場合の効力

1　被処分者が捜査機関から令状を提示されたにもかかわらず、令状の閲読を拒んだ場合

この場合は、捜査機関が令状を提示しているのに、処分を受ける者の非協力的態度のために結果的に令状の内容を処分を受ける者が認識できなかったのであり、捜査機関に求められている刑訴法の要請する手続の公正は担保されているといってよく、令状の提示（110条）はあったものと解してよい（前出東京地判昭50.5.29判時805-84）。

2　捜査機関が令状を提示する前に、相手方が提示を明示的又は黙示的に拒否する態度に出た場合

捜査機関は、令状を差し出すなど捜査機関においてなし得る手続の全てを履践して、相手が令状の提示を受け入れさえすれば令状の内容を認識することができる状態にしておけば、令状の提示はあったといえよう（大阪高判平9.9.17判時1628-145）。

この場合には、提示を受ける者の利益ないし権利の放棄があったといえるからである。

3　令状の提示前に被疑者が逃走した場合

被疑者を被処分者として発せられた令状の提示前に被疑者が逃走した場合も、令状の提示なしに捜索・差押えに着手することができると解される（東京高判昭58.3.29刑裁月報15-3-247参照）。

(2) 内容の了知

☞ 令状の提示は、処分を受ける者にとって十分に令状の内容を了知できる程度のものでなければならない。

したがって、処分を受ける者にこれを閲読させるか、これを示してその要旨を告げるなどして、その内容を理解させることが必要である。

☞ 令状は、処分を受ける者にその内容を了知させれば足りるので、その内容を筆写、撮影、複写させるまでの機会を与える必要はない（東京地決昭34.5.22下刑集1-5-1339）。

POINT　外国人への提示と通訳人

外国人の被処分者に令状を提示した場合に、日本語が読めないという理由で通訳を求められた場合、通訳人により内容を通訳するのが適正な手続といえよう。

もっとも、日本語を解する能力があれば、通訳人による通訳は必要ない（東京高判昭44.6.25高刑集22-3-397）。しかし、日本語を読めない、あるいは理解できない外国人の場合には、単に令状を示すのみならず、内容を読んで聞かせるべきであろう。

(3) 被処分者不在の場合等

☞ 処分を受ける者が不在のときには、令状を示さず捜索・差押えに着手することができるが、それに代わるべき者がいるときはその者に、代わるべき者がいないときは立会人に示すのが相当である。

☞ 捜索・差押えに着手後、処分を受ける者が現れた場合には、直ちに令状を提示すべきである。

3　捜索・差押えと立会い

(1) 立会人とこれに代わるべき者

（根拠）立会いが求められるのは、捜索・差押えを行う場合に、執行手続の適正・公正さを担保するとともに、処分を受ける者の利益を保護することにある。

◇主要判例

東京地決昭40.7.23下刑集7-7-1540

実質的に立会いの目的を達し得るような状況がなければならないのであって、捜索押収に当たった捜査官が多数であることにより、立会人が捜索の模様を見守ることのできない状況の下で行われた捜索は許されない。

【立会人一覧】

対象		立ち会わせなければならない者
公務所		公務所の長又はこれに代わるべき者
人の住居 人の看守する邸宅、建造物、船舶	原則	住居主、看守者又はこれらの者に代わるべき者 ● 立ち会わせることができない場合 隣人又は地方公共団体の職員（警察職員は含まれない。）
	例外	逮捕のための被疑者の捜索（刑訴法220条１項１号）の場合、急速を要するときは、立会人は不要（刑訴法222条２項）
上記以外の場所 （道路、公園内等）		刑訴法上の規定はないが、なるべく第三者を立ち会わせる（犯捜規145条１項） ● 立ち会わせることができない場合 他の警察官の立会いを得て行う（犯捜規145条２項）
女子の身体 （捜索）	原則	成年の女子（刑訴法222条１項、115条本文）
	例外	急速を要する場合は、立会人は不要（刑訴法115条ただし書）
女子の身体（検査）		医師又は成年の女子（刑訴法222条１項、131条２項）

ア　**人の住居や邸宅などでの立会い**

☞　人の住居又は人の看守する邸宅、建造物若しくは船舶内で行うときは、住居主若しくは看守者又はこれらに代わるべき者を立ち会わせなければならない。

☞　未成年者の立会いも必ずしも違法とはいえない。

ただし、17歳の高校２年生を立会人として捜索・差押えを行った事例について、同人がその意味を十分理解していないとして、差押物についての証拠能力を否定した裁判例（大阪高判昭31.6.19判時79-7）がある。

☞　代わるべき者としては、家人又は隣人若しくは地方公共団体の職員の立会いを求める方が適切である（刑訴法222条１項、114条２項、犯捜規143条２項）。

イ　**公務所内での立会い**

☞　捜査機関が公務所内において捜索・差押えを行うときは、その長又はこれに代わるべき者を立ち会わせなければならない（刑訴法222条１項、114条１項、犯捜規143条１項）。

☞　会社等の公務所以外の場所の捜索では、管理部長や総務部長などの建物看守責任者若しくはこれに代わる者が立ち会う必要がある。

◇主要判例———適法な立会人の事例

秋田地決昭34.8.12下刑集1-8-1865

営林署内にある労働組合事務局内における捜索・差押えの執行に当たり、立会人として営林署長を立ち会わせ、かつ、同署長に押収品目録を交付した措置は適法である。

東京高判平6.6.30判例地方自治127-89

大学構内の学生会館の捜索差押許可状の執行に際し、令状の提示を受ける者及び立会権者はいずれも大学である。

想定問答 立会人を確保できない場合の措置

Q 立会人を確保できない場合について、どのようにすればよいか。

A 捜索・差押えを行う場所が公務所内である場合、刑訴法114条１項が立会人を得られない場合について規定していないのは、公務所の長又はこれに代わるべき者の立会いが公務上当然に要請される義務であると解されるからである。

正当な理由なしに立会いを拒否した場合には、手続の公正に留意しながら捜索・差押えを実施し得る。

犯捜規145条２項は、第三者の立会いが得られないときは、他の警察官の立会いを得て捜索を行うものと規定する。

(2) 立会人が立会いを拒否した場合

☞ 捜索・差押えの場所が、公務所以外の人の住居又は看守する邸宅、建造物若しくは船舶内である場合には、立会人となるべき者に代わるべき者が立会いを拒否し、あるいは不在の場合には、その隣人又は警察職員を除く地方公共団体の職員を立ち会わせることで足りる（刑訴法222条１項、114条２項）。

☞ 捜索の途中で、立会人が立会いを拒否した場合には、一旦捜索を中止して、新たに立会人を選定の上、この者を立ち会わせて捜索を再開すべきである。

(3) 被疑者又は弁護人等の立会権

捜査機関の行う捜索・差押えに関しては、被疑者又は弁護人の立会権を認めた規定はない。

刑訴法222条６項は、捜査機関が令状により捜索・差押えをする場合、「必要があるとき」は被疑者を立ち会わせることができるとしている。

犯捜規144条１項は、捜索・差押えを行うに当たって捜査上特に必要があるときは、被疑者その他の関係者を立ち会わせるようにしなければならないとする。

> **◆主要判例———立会人なしの違法な捜索とした事例**
> **広島高松江支判平9.3.17高刑速（平9）123**
> 捜索差押許可状を示され、立会いを求められた被疑者が頑なに捜索を拒否して捜索立会いの説得に応じようとしなかったことから、マンションの支配人に捜索の立会いを依頼し、同人がこれに応じたものの、捜索は、同人が立ち会う前に開始された疑いがあり、被疑者及びマンションの支配人のいずれの立会いもなく捜索が開始されたのは違法な捜索である。

弁護人については、裁判所の行う捜索・差押えについて立ち会うことが認められている（刑訴法113条１項）が、同法222条１項は、113条を準用していないので、捜査機関の行う捜索・差押えに弁護人の立会いを認めていない。

４　その他の執行上の問題点

⑴　女子の身体の捜索

女子の身体の捜索には、原則として、成年の女子の立会いを要する（刑訴法222条１項、115条、犯捜規143条３項）。

女性の着衣を捜索対象とする捜索差押許可状に基づく捜索に当たって、**女性の司法警察職員のみが捜索を実施する場合には**、「成年女子の立会い」は要しない（東京高判平30.2.23高刑集71-1-1）。

⑵　夜間執行・中止

☞　令状に夜間でも処分をすることができる旨の記載がなければ、日出前、日没後は、**人の住居又は人の看守する邸宅、建造物若しくは船舶内**に入ることができない（刑訴法222条３項～５項、116条）。

根拠　夜間執行の制限は、夜間における個人の私生活の平穏を保障するために「人の住居」等に制限を設けたものである。

☞　公道上での人の身体や所持品のみに対する捜索には、捜索差押許可状は不要である。

☞　賭博、富くじ又は風俗を害する行為に常用されているものと認められる場所、旅館・飲食店その他夜間でも公衆が出入りすることができる場所で、現実に公開されている時間内であれば、この制限はない（刑訴法222条４項、117条）。

☞　日出前、日没後は、手続の明確性から暦によって決めるのが相当である。

☞　日没前に令状による捜索・差押えに着手していたときは、日没後でも、その捜索・差押えを継続して行うことができる（刑訴法222条３項、116条２項）。この場合、新たに人の私生活の平穏を害することは特にないし、日没後の執行を認めないとその目的を達し得ないことになるからである。

☞　日没前に捜索・差押えを開始し、日没前に一旦中止した後再開する場合、捜索・差押えの中止は、その性質上、一般には、執行中に含まれるといってよいし、既に捜索・差押えが実施され、引き続き執行の再開が予定されている状態にある以上、夜間執行により処分を受ける者に及ぼす影響もそれほど大きくないということから、刑訴法116条１項の制限を受けないと考えられる。

☞　刑訴法116条２項の趣旨に鑑み、中止後の再開が新たに人の私生活の平穏を害するに至る特別の事情がうかがえるような場合、例えば、中止後の再開が翌日にわたるような場合には、新たな令状の発付を受けて捜索・差押えを実施すべきである。

☞　捜査機関は、捜索差押許可状に夜間実施を許可する旨の記載を得たいと思料するときは、その請求書に、日出前又は日没後に捜索・差押えをする必要がある旨及びその事由を記載しなければならない（刑訴規則155条１項７号）。

☞　差押え又は捜索を中止する場合、必要があるときは、執行が終わるまでその場所を閉鎖し、又は看守者を置くことができる（刑訴法222条１項、118条、犯捜規147条）。

5　捜索過程での別罪証拠の発見

(1)　押収の方法

捜索の過程で別罪の証拠を発見した場合、発見した別罪の証拠を押収するには、現行法においては、いわゆる緊急押収の規定がないので、

①　立会人等により任意提出を受け、これを領置する（刑訴法221条）。

②　新たに令状の発付を求めて、令状による差押えを行う（犯捜規154条）。

③　別罪の証拠が禁制品である場合には、その所持を理由に現行犯逮捕した上で、それに伴う差押えとして行う（刑訴法220条１項２号、同条３項）。

という方法が考えられる。

☞　①の方法は、立会人等が任意提出できる所有者・所持者・保管者でなければならない、②の方法は、令状発付の時間的余裕がなければできない、③の方法は、対象が禁制品に限られるし、被疑者を現行犯として逮捕できる状況になければならない、という制約がある。

☞　②の令状による差押えに当たって、新たな令状を請求して、裁判官から令状の発付を受けるまでの間、執行を中止することはできない。執行している事件の目的を達成するためとはいえないからである。

◆主要判例———逮捕後の捜索が違法とされた事例

広島高岡山支判昭56.8.7判タ454-168

監禁、恐喝未遂等事件で被疑者を通常逮捕した後、逮捕の現場において上記逮捕に伴う捜索中に覚醒剤粉末等をたまたま発見した場合、覚醒剤不法所持罪の準現行犯逮捕手続が容易に履行できるのにこれをせず、監禁等被疑事件とは無関係の覚醒剤取締法違反の証拠の発見を主目的として無令状で捜索が意図的になされたときは、たとえその捜索が監禁等事件の証拠物の捜索と並行してなされたと認められ、覚醒剤等の捜索に緊急性・必要性が認められるとしても、違法である。

☞　適法な捜索に際して、別罪の証拠を発見して差し押さえた場合には、①適法な捜索に関する捜索差押調書と、②別罪に関する捜索差押調書とを作成する。

(2)　令状の流用の禁止

令状は、特定の被疑事件について発せられるものであるから、当該被疑事件以外の事件に流用することは許されない。

したがって、別件につき捜索・押収を行う理由・必要があるのか疑わしいのに、専ら本件の証拠の発見・収集を目的として、別件について発せられた捜索差押許可状により捜索して、本件の証拠を押収することは、別件捜索・押収として許されない。

◆主要判例———別件捜索が違法とされた事例

広島高判昭56.11.26判時1047-162

被疑者に対するモーターボート競走法違反被疑事件につき、警察において捜索令状を得て被疑者方を捜索した際、被疑者が所持していた預金通帳を発見したが、これを被疑事実を立証するものとは認めなかったのに、その場で被疑者から任意提出させて領置した場合に、その事件の多数関係者のうち特に被疑者方だけを捜索する必要性があったか疑問であり、被疑者が同事件につき逮捕、勾留されたが起訴されなかったことなどを併せ考えると、捜索は、警察において、本件である業務上横領事件の証拠を発見するため、被疑者方を捜索する必要性に乏しい別件の軽微なモーターボート競走法違反事件を利用し、捜索令状を得て捜索をしたもので、違法の疑いが強いといわざるを得ない。

札幌高判昭58.12.26刑裁月報15-11=12-1219

【事案】 警察官が暴行事件による被告人逮捕の機会を利用し、暴行事件の逮捕・捜査に必要な範囲を超え、余罪である覚醒剤の所持・使用等の嫌疑を裏付ける証拠の発見・収集を意図していたものと認められたもの。

【判旨】 警察官が覚醒剤粉末を発見した後、被告人を覚醒剤所持の現行犯人として逮捕し、かつ、その被疑事件に関する証拠物として覚醒剤粉末を差し押さえたとしても、それは違法な捜索の過程中に発見、収集された証拠物であるとの評価を受けることを免れない。

6　電磁的記録の捜索・差押え

⑴　サイバー関係の手続法に関する規定の整備

平成23年6月24日法律第74号により、刑訴法について以下の規定が整備された。

① 電気通信回線で接続している記録媒体からの複写の制度の導入（99条2項〔新設〕、218条2項〔新設〕）（リモートアクセス）

② 記録命令付差押えの新設（99条の2〔新設〕、218条1項〔改正〕）

③ 電磁的記録に係る記録媒体の差押えの執行方法の整備（110条の2〔新設〕、222条1項〔改正〕）

④ 保全要請に関する規定の整備（197条3項～5項〔新設〕）

⑤ 電磁的記録に係る記録媒体についての差押状の執行を受ける者等に対する協力要請に関する規定の整備（111条の2〔新設〕、142条〔改正〕、222条1項〔改正〕）

⑥ 電磁的記録の没収に関する規定の整備（498条の2〔新設〕）　等

⑵　リモートアクセス

定義 リモートアクセスとは、差押え対象がコンピュータであるとき、メールサーバや、当該コンピュータで作成したファイルを保管しているストレージサーバなどからデータを複写して差し押さえることをいう。

☞ リモートアクセスによりコピーできるのは、①そのコンピュータで作成、変更した電子ファイルか、②他のコンピュータで作成されたものの、差押えの対象とされているコンピュータで変更、消去することが許されている電子ファイルに限られる。

コピーが可能な範囲についても、裁判官による審査を経た上で、差押許可状において明示されるので、捜査機関がその範囲を超えてコピーすることはできない。

◇主要判例――リモートアクセスが違法とされた事例

東京高判平28.12.7高刑集69-2-5

差し押さえたパソコンに対する検証許可状を得て、差押え後に把握したパスワードを用いてサーバにアクセスし、メール等を閲覧、保存した警察官の行為は、検証許可状に基づいて行うことができない強制処分を行ったものであり、パソコンを差し押さえた捜索差押許可状にはいわゆるリモートアクセスによる複写の処分が許可されていたことなどを考慮しても、違法の程度は重大である。

東京高判平31.1.15高刑速（令元）95

被疑者スマホ又は本件タブレットで作成された電磁的記録を保管するために使用されている検索履歴の記録領域に記録されている電磁的記録を可読的な文字等に変換させ、これを写真撮影するのは、刑訴法218条２項が定めるリモートアクセスと同様の効果をもたらすもので、リモートアクセスによる差押許可状も得ないまま行われれば違法である。

【電磁的記録媒体の差押え方法】

リモートアクセスによる差押え （218条２項、219条２項）	差し押さえるべき物がコンピュータであるとき、捜査機関が同コンピュータを操作して、同コンピュータと電気通信回線で接続しているサーバ等の記録媒体にアクセスし、必要な電磁的記録を同コンピュータに複写した上、同コンピュータを差し押さえる。	☞ 令状請求に当たっては電気通信回線で接続しているサーバ等の記録媒体で、複写するべきものの範囲を記載しなければならない（219条２項）。 ☞ 逮捕に伴う捜索・差押えの一環として行うことはできない。
記録命令付差押え （218条１項）	捜査機関が、電磁的記録の保管者（例えばメールサーバ管理者）やその他電磁的記録を利用する権限を有する者に命じて、必要な電磁的記録を他の記録媒体（USBなど）に記録させ、又は印刷させて差し押さえる。	☞ 令状請求に当たっては記録等させるべき電磁的記録、これを記録・印刷させるべき者を記載しなければならない（219条１項）。 ☞ 逮捕に伴う捜索・差押えの一環として行うことはできない。
複写等による差押え （222条１項、110条の２）	差し押さえるべき物が電磁的記録に係る記録媒体であるとき（例えばパソコン）、当該記録媒体の差押えに代えて、捜査機関又は被処分者において、電磁的記録を他の記録媒体に複写、印刷、移転して、これを差し押さえる。	☞ 執行方法は令状執行を行う捜査官の裁量である。 定義　複写＝別の記録媒体にそのまま写すことをいう。 定義　印刷＝紙媒体にプリントアウトすることをいう。 定義　移転＝電磁的記録を他の記録媒体に複写すると同時に、元の記録媒体から当該電磁的記録を消去することをいう。

第13章　令状執行に伴う措置

■刑訴法

〔押収・捜索と必要な処分〕

第111条　差押状、記録命令付差押状又は捜索状の執行については、錠をはずし、封を開き、その他必要な処分をすることができる。公判廷で差押え、記録命令付差押え又は捜索をする場合も、同様である。

②　前項の処分は、押収物についても、これをすることができる。

〔証明書の交付〕

第119条　捜索をした場合において証拠物又は没収すべきものがないときは、捜索を受けた者の請求により、その旨の証明書を交付しなければならない。

〔押収目録の交付〕

第120条　押収をした場合には、その目録を作り、所有者、所持者若しくは保管者（第110条の２の規定による処分を受けた者を含む。）又はこれらの者に代わるべき者に、これを交付しなければならない。

cf. 犯捜規147条〔執行中の退去及び出入禁止〕、149条〔捜索調書〕、150条〔捜索証明書〕、152条〔捜索に関する規定の準用〕、153条〔捜索調書に関する規定の準用〕

1　必要な処分

⑴　態様、方法

捜索・差押えの執行については、「錠をはずし、封を開き、その他必要な処分をすることができる。」（刑訴法221条１項、111条１項）。

また、押収物についても、必要な処分をすることができる（刑訴法222条１項、111条２項）。

定義「押収物」には、領置（刑訴法221条）された物を含む。

☞「必要な処分」とは、必要があればどのような処分も許されるというのではなく、執行の目的を達成するために必要であり、社会的に相当な方法による処分でなければならない。

定義 「押収物」に対する必要な処分とは、押収物について、留置の必要があるか否かを確認する処分をいう。

すなわち、押収物が証拠となり得るのか、どの程度の証明力を有するのか、留置の継続が必要か、などを判断するために行う。この場合、その目的のために必要最小限の範囲内で相当な方法によるようにしなければならない（犯捜規140条）。

【「必要な処分」として認められたもの】

執行着手前	・捜索場所から出ようとする者を引き留める。
執行着手時	・宅配便の配達等を装ってドアを開けさせる（大阪高判平6.4.20高刑集47-1-1）。 ・マスターキーでドアを解錠する（最決平14.10.4刑集56-8-507）。 ・ドア錠の破壊 ドアチェーンの切断（大阪高判平5.10.7判時1497-134）
執行中	・執行状況の写真撮影 ・覚醒剤の予試験（パケの開封、錠剤を削るなど） ・他に方法がない場合の金庫等の破壊（東京地決昭44.12.16下民集20-11=12-913） ・携帯電話による外部への連絡の禁止（福岡高判平24.5.16高刑速（平24）242）
執行終了後	・ビデオテープ等の再生 ・USB 等記録媒体の確認 ・信書・封書の開封等 ・未現像フィルムの現像・焼付け ・携帯電話の電話番号などの確認 ・領置したごみ袋の開封（東京高判平30.9.5高刑集71-2-1）

想定問答　捜査官が身分を偽って玄関扉を開けさせることの可否

Q 捜査機関が捜索・差押えに来たことを被処分者に告げることによって、妨害行為や証拠隠滅の可能性が生じる場合に、宅配便の配達を装って玄関扉を開けさせて住居内に入るのは許されるか。

A 捜査官が身分を偽って玄関扉を開扉させる行為は、欺罔的であるとはいえるが、鍵を壊したり、扉を破壊するよりは穏当な方法であり、薬物犯罪では証拠隠滅行為が容易であることに照らして、証拠破壊の危険性が極めて高いと認められる情報がある場合には、このような方法での住居への立入りは必要な処分として許される（大阪高判平6.4.20高刑集47-1-1）。

また、来意を告げずにいきなり合鍵で扉を開けて室内に立ち入ることも、被疑者により直ちに証拠隠滅がなされるおそれが高い場合には、「必要な処分」として許される（東京高判平8.3.6高刑集49-1-43）。

POINT　「必要な処分」に当たっての留意点

被処分者の損害が小さくない場合は、執行者側がより損害の少ない方法をとるための必要な努力をしたのか、相手方の協力を得ることができたかどうかによって、適法と認められ得るかどうかは異なる。

◇主要判例――マスターキーでホテル客室のドアを開扉したのを適法とした事例

最決平14.10.4刑集56-8-507

被疑者が宿泊しているホテル客室に対する捜索差押許可状の執行に当たり、捜索差押許可状の提示に先立って警察官らがホテル客室のドアをマスターキーで開けて入室した措置は、差押対象物件である覚醒剤を短時間のうちに破棄隠匿されるおそれがあったことなどの事情の下では適法である。

想定問答　物の破壊の可否

Q 「必要な処分」として、物の破壊は認められるか。

A 物の破壊は慎重でなければならない。

他に方法がないなど、やむを得ない場合に限られるべきであるし、破壊の方法・程度も必要最小限にとどめられる必要がある。

例えば、管理人が合鍵を所持していないとか直ちに入らなければ証拠隠滅されるおそれがあるなどの場合には、ドアや鍵を破壊することも認められる。

施錠された金庫について、被処分者が鍵の提供を拒否し、あるいは鍵を持つ者が不在などで、鍵の入手見込みが立たない場合に、破壊を行わずに目的を達成できる方法があるときはそれによるべきで、合鍵の作成などが困難であるか、又は、速やかに捜索を行わなければならない場合には、金庫を破壊することも許される（東京地判昭44.12.16下民集20-11=12-913）。

覚醒剤譲渡を被疑事実とする被疑者方捜索に当たり、警察官がいきなりアパート２階にある被告人方ベランダ側の窓ガラスを割って錠を外して室内に入ったことは違法である（東京高判平15.8.28平成15（う）745号）。

【「必要な処分」の該当性の判断】

○＝「必要な処分」の該当性を積極に解する方向に働く事実
▼＝「必要な処分」の該当性を消極に解する方向に働く事実

考慮すべき事情	事　　例
被疑事実の内容、捜索・差押えの対象	○　重大事犯である。 ○　薬物犯罪関連の証拠のように、隠匿が容易である（トイレに流すなど）。 ▼　相当の重量・大きさがあり、隠匿が容易でない。
破棄隠匿のおそれ	○　薬物犯罪等、ごく短時間での証拠隠滅が可能な事案である。 ○　同種前科があり、隠匿方法を知っていると思料される。 ▼　捜索・差押えを受ける被疑者・立会人が協力的な態度を示している。
その他	○　マスターキー利用やチェーン切断等以外には、立ち入る方法がない。 ○　捜索場所が第三者の居室ではなく、被疑者自身の居室である。

(2)　押収物に対する「必要な処分」

☞　押収物についても、押収の目的を達するために解錠や開封等の「必要な処分」をすることができる（刑訴法222条１項、111条２項）。

定義「必要な処分」は、押収物について検証・留置等の必要の有無を確認するための処分をいう。

☞　押収物の内部の構造・形状・特質等を見分して詳しく調べる必要があるか否か、また、どの程度の証明力を有するか、これを継続して留置する必要があるか否か、などの点について判断するために行われる。

この場合も、その目的を達成するために必要最小限度の範囲内において許されるものであることに留意すべきである。

具体的には、例えば、信書の開封、金庫の解錠、未現像フィルムの現像、押収したパソコンやモバイルのハードディスクやフラッシュメモリ等の補助記憶装置からの情報の読出し等が、この処分に当たる。

◘主要判例――――必要な処分として適法とした事例

東京高判平30.9.5高刑集71-2-1

マンション各階に設けられたごみステーションに捨てられたごみ袋の占有は、マンション管理会社から清掃業務の委託を受けた清掃会社がごみステーションから回収した時点で、それを捨てた者からマンション管理会社等に移転しており、警察官が、マンション管理会社の協力を得るなどして、その所持者から上記ごみ袋の任意提出を受けて領置し、これを開封してその内容物を確認するのは、必要な処分として適法である。

想定問答　押収した携帯電話の記録を確認する行為の可否

Q 押収した携帯電話に記録されているデータを確認する行為は、「必要な処分」として許されるか。

A 押収した携帯電話に記録されているデータをボタン操作によりモニターに表示させる行為自体は、手書きの電話帳や住所録をめくってその中身を確認する行為や、あるいは封書を開封して内容物を確認する行為と実質的に変わらないといえる。しかも、モニター上に表示させることによって、記録されていたデータが破壊・消滅されたり、機械自体が故障したりする危険性が通常あるわけではなく、その操作は簡単であり、それに費やされる電力も極めて微量であるなど、被処分者に対し特に不利益を与えるものではない。

したがって、押収した携帯電話を操作して、内部に記録されているデータを確認する行為は、押収物の内容を見分するための「必要な処分」として許される。

(3) 捜索差押えの執行に当たっての写真撮影

捜索差押えの執行に当たって、

① 捜索差押えの手続の適法性を担保するために、その執行状況を撮影すること

② 捜索差押許可状に記載されている対象物について、証拠物の証拠価値を保存するために、その発見された場所、発見された状態を撮影すること

は、捜索・差押えに付随するものとしてできる（東京地決平元.3.1判タ725-245）。

☞ この範囲を超える撮影は、検証許可状を得て行うべきである。

◘主要判例――――捜索差押許可状記載以外の物の撮影は検証に当たるとした事例

最決平2.6.27刑集44-4-385

裁判官の発付した捜索差押許可状に基づき、司法警察員が申立人居室において捜索・差押えをするに際して、捜索差押許可状記載の「差し押さえるべき物」に該当しない物の写真撮影は、それ自体としては検証としての性質を有すると解されるから、刑訴法430条２項の準抗告の対象となる「押収に関する処分」には当たらないというべきである。

――――捜索・差押えの執行現場における写真撮影の適法性について

徳島地判平10.9.11判時1700-113

被撮影者の意に反した写真撮影が、第三者に自らの住居の内部や所持品の内容などを見られたくない、知られたくないというプライバシーの利益を侵害するものである

ことからすると、捜索・差押えに付随する写真撮影であるとしても、差押えの対象となる証拠物の現状やその存在している状況を保存する目的でなされる場合、及び捜索差押手続の適法性を担保する目的でなされる場合に必要な範囲において認められるのであって、これを逸脱した場合には違法となる。

なお、捜索・差押えの執行現場における写真撮影は、多数の対象物件について即座に判断して行うことが要請されるもので、ある程度当該撮影者の裁量が認められると解され、結果的に前記目的に適さない写真撮影であったとしても、そのことだけで違法と断ずることはできない。

Column

住居内の写真撮影

一般に、他人の目に触れない住居の内部の状況や所持品等の情報についてはプライバシーとして法的保護に値する。したがって、適法な令状なしに住居の内部の状況や所持品等を写真撮影した場合は、原則としてプライバシーの侵害として違法性を有する。

捜索に必要な限度においては住居の内部の状況や所持品等の情報は、捜索差押令状を執行する捜査機関に認識されることが許容されているとはいえ、許されているのは捜査機関がそうした情報を記憶にとどめるという限度においてであって、写真撮影をするには、検証令状を要する（東京地判平4.7.24判タ832-153）。

⑷ 退去強制、出入りの禁止等

☞ 捜索を行うに当たっては、立会人又は特に許可を受けた者以外の者は、その場所から退去させ、及びその場所に出入りさせないようにしなければならない（刑訴法112条、犯捜規147条１項）。

☞ 許可を受けないでその場所にいる者に対しては、退去を強制し又は看守者を付して、捜索の実施を妨げさせないようにしなければならない。

ただし、必要な限度を超えて実力を行使することのないようにしなければならない（犯捜規147条２項）。

☞ 捜索・差押え執行中における立会人等による外部の第三者との電話の使用について、証拠隠滅等のおそれのある行為と評価できる外部者との連絡は、制限できる。

◆主要判例――携帯電話の使用を禁止したのは違法とした事例

福岡高判平30.7.20高刑速（平30）458、同旨名古屋高判平27.12.17高刑速（平27）251

覚醒剤取締法違反（使用）被疑事実に関する捜索差押許可状に基づき、居宅の捜索・差押えを開始当初に、被疑者らの所持品を確認した上、所持していた携帯電話を床上等に出させた上、その使用を禁止する趣旨の指示をしたほか、その場にいた、弁護人に連絡をしようとして携帯電話を使おうとした者に対して、捜索が終わるまでは外部の者とは連絡できないなどと言ってその使用を禁止したことについて、捜索の現場に居合わせた者が弁護人に連絡を取ろうとする行為は、直ちに証拠の隠滅や捜索活動の妨害に当たるわけではないから、携帯電話の使用を一律に禁止したことは、正当な権利行使を妨げる措置で違法である。

――携帯電話の使用を禁止したのを適法とした事例

福岡高判平24.5.16高刑速（平24）242、同旨東京地判平8.11.22判タ965-106

被疑者方に対する捜索中に、警察官が、携帯電話機で外部の者に連絡しようとした被疑者を制止した行為について、被疑者が指定暴力団Ｋの組員であると認識していた警察官が、同人に対して、携帯電話機で外部の者と通話することを許せばＫ関係者が被疑者方に押しかけてきて捜索を妨害する行動に出る可能性があると判断したことには相当の理由があるから、被疑者の携帯電話機による通話を制限する必要があったと認めることができる。しかも、警察官は、被疑者に対して強制力を加えたものではなく、あくまでも説得を試みたに過ぎないことにも照らすと、警察官の行為は、捜索の目的を達するために必要であり、かつ、その方法も社会的に相当なものであったと認められるから「必要な処分」として許される。

2　各種事案に応じて必要な手続

【薬物使用が疑われる事案】

宅配荷物の受取り・開扉		捜索差押許可状	被疑者に受け取らせて、捜査員が開扉	最決平19.2.8
宅配荷物のエックス線検査		検証許可状	税関等の施設を利用しての検査	最決平21.9.28
任意採尿を拒否		条件付捜索差押許可状（強制採尿令状）	逮捕に伴う捜索・差押えとして無令状ではできない	最決昭55.10.23
採尿場所への連行		強制採尿令状により採尿場所で連行	令状に採尿場所まで連行することができる旨の記載が必要 連行に必要最小限の有形力行使可能	最決平6.9.16

腕の注射痕の確認と写真撮影		身体検査令状	逮捕時には逮捕に伴う身体検査として無令状でできる	
毛髪の採取	頭髪を切除	差押許可状又は身体検査令状		
	毛根部から除去	鑑定処分許可状及び身体検査令状	医師等専門家による相当な方法で実施	

3　捜索証明書・押収品目録の交付

☞ 捜索をした場合において証拠物又は没収すべきものがないときは、捜索を受けた者の請求により、その旨の証明書を交付しなければならない（刑訴法119条、犯捜規150条）。

☞ 押収をした場合には、その目録を作り、所有者、所持者若しくは保管者又はこれらの者に代わるべき者に、これを交付しなければならない（刑訴法120条、犯捜規109条１項）。

（根拠）押収品目録によって、押収物を特定して何を差し押さえたかを明らかにして、被押収者の財産権を保全し、押収の公正を担保するためである。

☞ 押収品目録の記載は、ある程度包括的あるいは概括的な記載は許されるとしても、捜索差押許可状に記載の差し押さえるべき物との関連性が判断できるように記載しておかなければならない。

◘主要判例――押収品目録の交付が違法とされた事例
東京地八王子支判平9.2.7判タ968-279

詐欺被疑事件に関して、捜索差押調書に根抵当権設定契約書類や領収書等を押収した旨の記載があるが、捜索差押許可状に基づき捜索・差押えを行った際、現実に押収した物を収容した容器と思われる「ダンボール箱一、買物袋一等」との記載しかない押収品目録交付書記載の押収品目録を申立人に交付したのは、捜索差押許可状に記載の被疑罪名や差し押さえるべき物との関連性も判然としないとして違法である。

第14章　令状によらない捜索・差押え

■刑訴法

〔令状によらない差押え・捜索・検証〕

第220条　検察官、検察事務官又は司法警察職員は、第199条の規定により被疑者を逮捕する場合又は現行犯人を逮捕する場合において必要があるときは、左の処分をすることができる。第210条の規定により被疑者を逮捕する場合において必要があるときも、同様である。

(1)　人の住居又は人の看守する邸宅、建造物若しくは船舶内に入り被疑者の捜索をすること。

(2)　逮捕の現場で差押、捜索又は検証をすること。

②　前項後段の場合において逮捕状が得られなかつたときは、差押物は、直ちにこれを還付しなければならない。第123条第３項の規定は、この場合についてこれを準用する。

③　第１項の処分をするには、令状は、これを必要としない。

④　〔略〕

cf. 犯捜規142条〔逮捕の際の捜索等〕

要件

①　捜査機関が被疑者を逮捕する場合であること

②　人の住居又は人の看守する邸宅、建造物若しくは船舶内に入り被疑者の捜索をすること

③　逮捕の現場で差押え、捜索又は検証をすること

④　②及び③の処分については、令状を必要としないこと

⑤　緊急逮捕の場合に、逮捕状が得られなかったときは、差押物は、直ちにこれを還付しなければならないこと

1　令状によらない捜索・差押え

(根拠) 逮捕に伴う捜索・差押えでは、裁判官の令状がいらないとされるのは、逮捕する場合には犯罪の嫌疑が認められる上、令状の発付を待っていたのでは証拠物が破壊されたり散逸したりするおそれがあることから、それを防止するために、逮捕という重大な権利の制約が許される場合に、それに付随的な権利の制約をするに当たって令状は不要とされるのである。

POINT　逮捕に伴う捜索・差押え、検証

搜索・差押えは、捜索差押許可状によるのが原則であるが、逮捕する場合に逮捕の現場では、令状なしに差押え、捜索又は検証が認められている（刑訴法220条１項）。

※　本章では、捜索・差押えについて整理するもので、検証については第16章143頁以下参照。

【逮捕に伴う捜索・差押えの要件】

「逮捕する場合」（逮捕行為との時間的接着性）

- 逮捕行為に着手していれば、逮捕できなくともよい。
- 逮捕行為と時間的に接着していれば、逮捕と捜索等の前後は問わない。

「逮捕の現場」（逮捕行為との場所的接着性）

- 逮捕行為に着手した場所から逮捕を完了した場所までが当たる。

「逮捕の現場」に当たる場所	● 被疑者の住居内で逮捕した場合の被疑者の住居内全部 ● マンションの一室で逮捕した場合の共同使用の場所 ● 被疑者が逃走途中に証拠物を投げ入れた他人の住居の敷地内
「逮捕の現場」に当たらない場所	● マンションの一室で逮捕した場合の他人が居住している部屋 ● 自宅近くを歩いている被疑者を路上で逮捕した場合の被疑者の自宅 ● 官公庁、会社の事務室で逮捕した場合の他の部屋

2　「逮捕する場合」の範囲

定義 「逮捕する場合」とは、「逮捕行為を行う際に」という意味である。

☞　逮捕との時間的な接着性を要するとはいえ、「逮捕する時」という概念よりも広く、被疑者を逮捕する直前及び直後を意味する。

したがって、被逮捕者が不在であることを承知の上で、その帰宅を見込んでなされたような捜索・差押えは、逮捕に付随するものとはいえず、違法である。

被疑者が現場に存在し、逮捕と捜索・差押えとが同時並行的といえる状況にあれば、適法である。

◇主要判例――「逮捕する場合」に当たるとした事例

最大判昭36.6.7刑集15-6-915

【事案】 麻薬取締官等４名が、昭和30年10月11日午後８時30分頃、路上において職務質問により麻薬を所持していたＡを現行犯として逮捕し、同人を連行の上、麻薬の入手先である被疑者Ｂ宅に同人を緊急逮捕すべく午後９時30分頃赴いたところ、同人が外出中であったが、帰宅次第逮捕する態勢にあった麻薬取締官等は、同人宅の捜索を開始し、麻薬の包紙に関係ある雑誌及び麻薬を押収し、捜索のほとんど終わる頃Ｂが帰ってきたので、午後９時50分頃Ｂを適式に緊急逮捕するとともに、直ちに裁判官の逮捕状を求める手続をとり、逮捕状が発せられたというもの。

【判旨】 「本件は緊急逮捕の場合であり、また、捜索、差押は、緊急逮捕に先行したとはいえ、時間的にはこれに接着し、場所的にも逮捕の現場と同一であるから、逮捕する際に逮捕の現場でなされたものというに妨げなく、右麻薬の捜索、差押は、緊急逮捕する場合の必要の限度内のものと認められる」とした。

※　もっとも、この判例は、上記のような**薬物犯罪での罪証隠滅のおそれが想定される状況下でたまたま被疑者が外出していたという事案における判断である**ことに留意しておく必要がある。

POINT　逮捕に着手したが、被疑者に逃走された場合の捜索・差押え

逮捕に着手したが、被疑者に逃走されてしまった場合、その現場において、令状なく捜索・差押えをすることはできる。

緊急逮捕の場合も同様に考えてよいが、緊急逮捕状が発付されなかったときは、差し押さえた物は、直ちに還付しなければならない（刑訴法220条２項）ので、別に差押許可状の発付を得て差し押さえるか、新たに任意提出を受けて領置することになる。

なお、逮捕しようとその場所に赴いたところ、既に被疑者が逃走していて逮捕行為に着手することができなかったときは、「逮捕する場合」に該当しない。

想定問答　外出中の被疑者を帰宅次第逮捕、捜索・差押えすることの可否

Q　窃盗事件で被疑者Ｘの逮捕状を得て、同人宅に赴いたところ、同人は外出して不在であった。この場合、Ｘが帰宅次第逮捕することとして、同人宅を捜索・差押えすることができるか。

A　逮捕状を得て被疑者宅に赴いたところ、被疑者が不在であったという場合には、

被疑者が帰宅する時刻が具体的に判明しないのが一般的であろう。そのような場合、間もなく被疑者が帰宅するであろうという見込みで捜索・差押えをすることは、捜索・差押えが終了しても被疑者が帰宅しなかった場合には、「逮捕の現場」が存在しないことになる。

本設問のような場合には、被疑者の帰宅を待って逮捕行為に着手して、捜索・差押えをすべきである。

3 「逮捕の現場」の範囲

定義 「逮捕の現場」とは、逮捕場所と同一の管理権の及ぶ範囲をいう。

☞ 「逮捕の現場」は、逮捕場所との同一性を意味するが、被疑者を逮捕した場所でありさえすれば、常に逮捕に伴う捜索等が許されるわけではない。

根拠 捜索・差押えは、管理権の制約を本質とするから、令状による捜索・差押えについて、管理権の数を基準とし、管理権が異なる場所については別個の令状が必要と解されるので、逮捕に伴う捜索・差押えの場合においても同様に解すべきである。

◆主要判例――逮捕の現場での捜索・差押えと同視できるとした事例

最決平8.1.29刑集50-1-1

逮捕した被疑者の身体又は所持品の捜索・差押えについては、逮捕現場付近の状況に照らし、被疑者の名誉等を害し、被疑者らの抵抗による混乱を生じ、又は現場付近の交通を妨げるおそれがあるなどの事情のため、その場で直ちに捜索・差押えを実施することが適当でないときは、速やかに被疑者を捜索・差押えの実施に適する最寄りの場所まで連行した上でこれらの処分を実施することも、「逮捕の現場」における捜索・差押えと同視することができる。

――「逮捕の現場」に当たるとした事例

大阪高判昭50.7.15刑裁月報7-7=8-772

【事案】 公道上で逮捕した場合に、被逮捕者を約120メートル離れた派出所に連行し、着衣の下に携行していた鉄棒等を押収したもの。

【判旨】 道路上での身体捜索が著しく不便であること、逮捕地点でこの鉄棒等を現認して既に押収に着手していること、逮捕地点と派出所との間における時間的接着、場所的近接等からみて、逮捕の現場でなされた捜索・押収に当たる。

東京高判昭53.11.15高刑集31-3-265

【事案】 現行犯逮捕の現場が群衆に取り囲まれていて、その場所で被逮捕者の着衣や所持品等を捜索・押収することが、混乱を防止し、被逮捕者の名誉を保護する上で適当ではないとしたもの。

【判旨】 現場から自動車で３～４分、直線距離にして約400メートル離れた警察署で押収手続をとるのは、逮捕の現場で差押えをする場合に当たる。

POINT 「逮捕の現場」の範囲と管理権

「逮捕の現場」とは、逮捕場所と同一の管理権が及ぶ範囲をいうので、逮捕に着手した場所、逃走した被疑者を追跡した場所及び逮捕した場所の全てを含み、これらの場所と直接接続する範囲の空間がこれに当たる。したがって、例えば、居間で逮捕した場合、同一の管理下にある住居等の隣室や書斎などを捜索することはできる。

もっとも、同一の建物であっても、それぞれ管理権が異なる場合、例えば、マンションやホテルの一室で逮捕した場合、被疑者以外の者が使用している別室の捜索は許されない。

また、道路上で通行中にたまたま逮捕した場合に、その場所に近接している被疑者の住居までを逮捕の現場とみることはできない。

☞ 逮捕の現場が、被疑者以外の第三者の管理する場所である場合には、第三者のプライバシーへの配慮が必要であるので、刑訴法222条１項、102条２項により、差押物件の存在する蓋然性があるときに限られる。

◇主要判例――搜索・差押えを適法とした事例

東京高判昭44.6.20高刑集22-3-352

【事案】 被告人が外国人とともにホテル７階の１室に宿泊していた際、ホテル５階の待合所で外国人を大麻たばこ１本所持の現行犯人として逮捕し、同人の申立てにより、逮捕から約35分後、同ホテル７階の１室を捜索し、大麻たばこ７本を発見し、これを差し押さえたというもの。

【判旨】 大麻たばこは共同所持の疑いもあること、また、被告人逮捕の約１時間後には、同室の外国人も戻ってきて緊急逮捕されており、大麻取締法違反事件という検挙の困難性や罪質に照らして、本件捜索・差押えは違法ではない。

――捜索・差押えを違法とした事例

福岡高判平5.3.8判タ834-275

住居に対する捜索等が生活の平穏やプライバシー等の侵害を伴うものであることから、職務質問を継続する必要から、被疑者以外の者の住居内に、その居住者の承諾を得た上で移動し、同所で職務質問を実施した後に被疑者を現行犯逮捕した場合、同所での捜索を逮捕に基づく捜索として正当化することはできない。

想定問答　電車内でのスリの現行犯逮捕における「逮捕の現場」

Q　電車内で、Xが被害者のハンドバッグから財布をすり盗ったのを現認した警察官が、窃盗罪でXを現行犯人として逮捕したが、車内及び下車直後のホームが混雑していたことから、その場ではXの身体を捜索することが困難と判断し、下車した駅の事務室にXを連行し、同所で捜索したところ、被害品である財布を発見したので、これを差し押さえた。この手続は適法か。

A　「逮捕の現場」とは、逮捕行為に着手した場所、追跡を継続している間の場所、逮捕行為を完了した場所をいい、それぞれの場所と直接接続する限られた範囲内の空間を指すものと解される。

本設問では、電車の中でスリの現行犯人を逮捕していることから、令状なくして被疑者から証拠を差し押さえることができるのは、原則としてその電車内か、下車した直後のホーム上であると考えられる。したがって、原則としては、被疑者を現行犯逮捕後、駅長室など別の場所に連行し捜索・差押えすることはできないといえよう。

しかし、被疑者を現行犯逮捕後、電車内及び下車直後のホームが混雑しており、Xの身体を捜索し、被害品を差し押さえることが困難であるなどの事情が認められる状況下においては、例外的に、被疑者を速やかに捜索・差押えの実施に適する最寄りの事務室等に連行した上で、Xの身体を捜索して証拠品を差し押さえることは適法である。

☞　逮捕に伴う捜索・差押えでは、「逮捕の現場」にある物及び人の身体がその対象となるから、「逮捕の現場」にいる人は被疑者以外の者であっても、一応これに含まれる。

しかし、被疑者以外の者の身体については、押収すべき物の存在を認めるに足りる状況がなければならない（刑訴法222条１項、102条）。

◆主要判例――現場に居合わせた第三者の身体に対する捜索を適法とした事例

函館地決昭55.1.9刑裁月報12-1=2-50

【事案】　覚醒剤取締法違反容疑で逮捕状が発せられていたYと、何らの令状も出ていないXとがホテルに宿泊しているとの情報を得た警察官が、２人が寝ていた部屋に赴き、Yを逮捕して捜索したところ、覚醒剤と注射器を発見したので、覚醒剤所持の現行犯としてさらに同人を逮捕し、警察署に連行した。その後、残るXに対して任意での捜索を説得したがこれに応じなかったことから、Xに対して捜索を実施したところ、覚醒剤と注射器とが出てきたので、直ちにXを覚醒剤所持の現行犯で逮捕したもの。

【判旨】 被告人の現行犯逮捕に伴う捜索の際に、現場に居合わせた第三者の身体に対する捜索が、第三者において被疑者の逮捕事実と関連する証拠物を所持していると認めるに足りる状況が存在しており適法である。

POINT 第三者に対する身体の捜索での留意点

被疑者以外の者が逮捕の現場に居合わせたとしても、そのことから、直ちに押収すべき物の存在を認めるに足りる状況があるとはいえない。

- 逮捕の現場がいかなる場所か（個人の住居等か公共の建物等か）
- 逮捕の現場と被疑者以外の者との関係（その場所の居住者か、偶然通りがかった者か）
- その者と被疑者との関係、逮捕現場におけるその者の挙動

等を考慮して、押収すべき物の存在を認めるに足りる状況の存否が決せられるべきであろう。

4 逮捕に伴う捜索・差押えの範囲

☞ 逮捕に伴う捜索・差押えは、逮捕の原因となった被疑事実に関する物についてのみ許される。

(根拠) 逮捕の現場において令状なしの捜索・差押えにつき合理性があるといえるのは、被疑事実に関連する物件に限られるからである。

☞ 逮捕の現場において、逮捕の原因となった被疑事実以外の事実（余罪）に関する証拠の発見、収集を意図して捜索・差押えを行うことは違法である。

もっとも、差押えの対象となる物は、

- 犯行に用いられた凶器
- 犯行によって得られた物

はもちろん、

- 当該被疑事実の動機、計画性を証明する物
- 予備・着手・実行・未遂・既遂等の犯罪の経過を証明する物
- 犯人を特定する物
- その他被疑事実を証明するために必要とされる資料

も含まれると解される。

◆主要判例――違法な証拠物とした事例

札幌高判昭58.12.26刑裁月報15-11=12-1219

暴行被疑事実の逮捕状による逮捕に伴う捜索中に、警察官が覚醒剤粉末を発見した後、被疑者を覚醒剤所持の現行犯人として逮捕し、かつ、被疑事件に関する証拠物として覚醒剤粉末を差し押さえたとしても、それは違法な捜索の過程中に発見、収集された証拠物である。

大阪地判昭53.12.27判時942-145

傷害の現行犯逮捕の際、犯行現場でもある被疑者の自宅を捜索して覚醒剤を押収した手続は、必要性を欠き違法とすべきである。

東京高判昭46.3.8高刑集24-1-183

道交法違反で現行犯逮捕された被疑者に対して、いわゆる銃刀法違反の証拠物の捜索・差押えをすることは許されない。

＊　余罪の証拠の発見・収集を意図して行うのは許されないが、適法な捜索過程でたまたま別罪証拠を発見した場合には押収できる（➡第12章「5　捜索過程での別罪証拠の発見」115頁）。

5　被疑者の捜索

「逮捕する場合」において、被疑者を捜索することができる（刑訴法220条１項１号）。

☞　人の住居等に立ち入って被疑者を捜索するためには、「必要性」がなければならない。

定義　被疑者の捜索の「必要性」は、被疑者の逮捕、逮捕理由となる事実に関する証拠物件の収集・保全のために必要であることをいう。

☞　被疑者がそこに現在する蓋然性があり、かつ、捜索しなければ逮捕ができない場合でなければならない。

☞　「必要性」の判断は、単に捜査機関の主観のみに任せられるのではなく、客観的にも当然その必要性が認められる場合でなければならない。

◆主要判例――客観的な捜索の必要性

札幌高函館支判昭37.9.11高刑集15-6-503、同旨大阪地判昭38.9.17下刑集5-9=10-870

犯人と思われる者が入った家の玄関口で、例えば家人が当初は、「誰もこない」と言っていたが、後にその言をひるがえし、「誰か立ち寄ったけれどもその名前は言えない」と言い、さらに、臨場した警察官がその場にいた者に聴取しようとしたときに、「答えるな」と同人を制したような場合は、客観的にも捜索の必要性が認められる。

想定問答　被疑者宅において家人が拒否した場合の被疑者捜索の可否

Q 逮捕状により被疑者を逮捕しようと被疑者宅に赴いたが、家人からは、誰もいないとの申出があった。しかし家の中から物音が聞こえるので、不審に思った警察官が、家人が拒否するにもかかわらず、家の中を捜索したが、被疑者を発見できなかった。この手続は適法か。

A 被疑者の自宅での捜索であり、通常、被疑者が現在している蓋然性が高い場所である。しかも、警察官の質問に対する家人の応答が不自然で、被疑者をかくまっているのではないかと思われる状況にあるといえる。

このような場合であれば、被疑者が現在する蓋然性が認められると考えられることから、家人の意思に反して被疑者方に立ち入り、被疑者の捜索を行っても適法といえる。

なお、本設問のように、結果的に被疑者が現在しなかったとしても、被疑者の捜索の適法性が否定されることはない。

☞ 逮捕する場合の被疑者の捜索には、原則的には立会人を置くべきだが、急速を要するときは、立会人を要しない（刑訴法222条２項、220条、114条２項）。

POINT　私人による逮捕の場合の留意点

私人が逮捕した被疑者を捜査機関が引き渡しを受けた場合には、逮捕した私人も捜査機関も捜索・差押えはできない。

この場合、犯人から任意提出させて領置するか、後に令状の発付を受けて差し押さえることになる。

もっとも、警職法２条４項による身体捜検はできるが、「捜索」ではないので、証拠物が発見されたとしても令状によらないで「差し押さえる」ことはできない。

6　緊急逮捕状が発せられなかったとき

緊急逮捕をして、その場で証拠物を差し押さえたが、裁判官から緊急逮捕状が発せられなかったときには、逮捕は違法であるから、差押物は直ちに還付しなければならない（刑訴法220条２項）。

☞ 緊急逮捕に着手し、その場で証拠物を差し押さえたが、被疑者が逃走してしまった場合、差押えは適法であるが、緊急逮捕状を請求できないので、刑訴法220条２項に照らし、差押物は直ちに返還して、任意提出を求めるか、新たに令状を得て差し押さえることになる。

第15章　捜索・差押え終了後の措置など

■刑訴法

〔押収物の保管・廃棄〕

第121条　運搬又は保管に不便な押収物については、看守者を置き、又は所有者その他の者に、その承諾を得て、これを保管させることができる。

②・③　〔略〕

〔押収物の代価保管〕

第122条　没収することができる押収物で滅失若しくは破損の虞があるもの又は保管に不便なものについては、これを売却してその代価を保管することができる。

〔還付・仮還付〕

第123条　押収物で留置の必要がないものは、被告事件の終結を待たないで、決定でこれを還付しなければならない。

②　押収物は、所有者、所持者、保管者又は差出人の請求により、決定で仮にこれを還付することができる。

③・④　〔略〕

〔押収贓物の被害者還付〕

第124条　押収した贓物で留置の必要がないものは、被害者に還付すべき理由が明らかなときに限り、被告事件の終結を待たないで、検察官及び被告人又は弁護人の意見を聴き、決定でこれを被害者に還付しなければならない。

②　〔略〕

cf. 犯捜規112条〔廃棄等の処分〕、113条〔廃棄処分等と証拠との関係〕、115条〔領置物の還付等の相手方の調査〕、151条〔領置に関する規定の準用等〕

1　差押え後の手続

(1)　証拠物又は没収すべきものがないとき

☞　捜査機関は、差押えをした場合において証拠物又は没収すべきものがないときは、捜索差押調書（甲）（司法警察職員捜査書類基本書式例様式第25号、同29号）を作成し、「捜索差押えの経過」欄に目的物を発見できなかったことを記載し、捜索を受けた者の請求があれば、速やかにその旨の証明書を交付しなければならない（刑訴法222条１項、119条、犯捜規150条）。

(2) 押収品目録交付書の作成・交付

☞ 差押えをした場合には、その目録を作り、所有者、所持者若しくは保管者又はこれらの者に代わるべき者にこれを交付しなければならない（刑訴法222条１項、120条）。

☞ 押収品目録交付書は、被押収者の請求の有無にかかわらず、押収した場合には必ず交付しなければならない。

したがって、被押収者が立会いを拒否した場合も交付する必要があり、また、被押収者が受取りを拒否した場合でも、押収品目録交付書は作成し、被押収者にいつでも交付できるように保管しておく必要がある。

2 押収物の保管・廃棄、還付

(1) 押収物の保管

☞ 通常、押収した証拠物については、司法警察員は、これを事件とともに速やかに検察官に送致（付）する（刑訴法246条、242条）。

しかし、事件の送致後においても、捜査の必要性等の理由により、警察署等で押収物を保管することがある。

☞ 押収物の保管については、通常期待される程度の保管に関する注意義務を負うので、滅失、毀損等により所有者等の私法上の権利を不当に侵害しないようにしなければならない。

☞ 証拠物である場合には、証拠価値を減じないように配慮する必要がある。

☞ 没収対象物であれば、没収の執行が可能な状態に保管しておかなければならない（刑訴規則98条）。

☞ 押収物の保管については、犯捜規（111条、112条、151条）及び各都道府県警察における証拠品取扱要領によっている。

◘主要判例———保管に関する善管注意義務

東京地判昭35.9.13下刑集2-9=10-1234

犯行とは無関係の押収した株券について、所有者の還付請求に基づき、還付の手続を警察において進めていたところ、債権者に差し押さえられたため、所有者らに通知もせずに差押えを受諾したのは善管注意義務に違反する。

東京高判昭33.1.31下民集9-1-153
司法警察職員が自動車を押収して長期間露天に放置したため腐朽損傷したことは善管注意義務に違反する。

(2) 保管に不便な押収物、移管、保管委託

☞ 自動車、船舶、大きな工作機械など運搬又は保管に不便な押収物については、看守者を置き、又は所有者その他第三者の承諾を得て、保管させることができる（刑訴法222条１項、121条１項）。

☞ 押収物については、他に移管したという事実のみによって、押収の効力が消滅するものではない（最大判昭23.7.14刑集2-8-876）。

(3) 押収物の廃棄・換価処分

☞ 爆発物のような危険を生ずるおそれのある押収物は、廃棄することができる（刑訴法222条１項、121条２項、犯捜規112条、113条）。

☞ 密漁に係る魚類等没収することができる押収物で滅失若しくは破損のおそれがあるもの、又は船等保管に不便なものについては、これを売却してその代価を保管（換価処分）することができる（刑訴法222条１項、122条）。

☞ 司法巡査は廃棄を行うことはできるが、換価処分については行うことができず、司法警察員が行う（刑訴法222条１項ただし書、121条２項、122条、犯捜規112条４項）。

☞ 換価処分に対する不服申立ては、刑訴法420条２項による。

想定問答　領置した自転車の換価処分の可否

Q 犯人が犯行に使用し、現場近くに遺留した自転車を領置した場合、「保管に不便なもの」として、換価処分をすることができるか。

A 押収物の換価処分は、没収することができる押収物で、しかも滅失若しくは破損のおそれがあるもの又は保管に不便なものであることが要件となっている（刑訴法122条）。

本設問での自転車は、犯人が犯罪の用に供したものであり、刑法19条で没収すべきものには該当するが、自転車は、滅失若しくは破損のおそれがあるものには当たらないであろうし、また、保管に不便なものであるともいえないであろう。

したがって、保管スペースの制約があるからといって、換価処分はできない。

⑷　押収物の還付・仮還付

押収物は、留置の必要がなくなれば、捜査の終結を待たないで還付しなければならない（刑訴法222条１項、123条１項）（**還付**）。

定義「還付」とは、押収物について留置の必要がなくなった場合に押収を解いて原状を回復することをいう（最決平2.4.20刑集44-3-283）。

定義「留置の必要がない」とは、押収物の占有を継続する必要がないことをいう。

☞　犯罪の態様、軽重、押収物の証拠としての価値・重要性、押収物が還付された場合に隠滅・毀損されるおそれの有無、押収を継続することによって受ける被押収者の不利益の程度などの諸事情を考慮して判断する（最決昭44.3.18刑集23-3-153）。

☞　還付は、被押収者に対して行うのが原則である。

　しかし、原状回復の必要が明らかにない場合、被押収者に還付することが不可能な場合には、被押収者以外への還付が認められる。

　押収物は、所有者、所持者、保管者又は差出人の請求により、仮にこれを還付することができる（刑訴法222条１項、123条２項）（**仮還付**）。

定義「仮還付」とは、押収物について留置の必要がなくなったわけではないが、一時留置を解いても支障がないと認められる場合に、将来留置の必要があるときには再提出を求めることを留保して押収物を返還することをいう。

☞　仮還付は、法律上押収の効力は何ら影響を受けることなく継続しており、仮還付を受けた者は要求があれば直ちに押収物を提出すべき義務を負う。

☞　仮還付は、還付と異なり、所有者、所持者、保管者又は差出人の請求に基づいてなされる。

☞　仮還付を受けた者は、売却や貸与、廃棄等の処分をすることはできず、これを勝手に処分すれば、横領罪、器物損壊罪等を構成する場合がある。

◇主要判例――還付を認めた事例

最決平2.4.20刑集44-3-283

　刑訴法222条の準用する同法123条１項にいう還付は、押収物について留置の必要がなくなった場合に、押収を解いて原状を回復することをいうから、被押収者が還付請求権を放棄するなどして原状を回復する必要がない場合又は被押収者に還付することができない場合のほかは、被押収者に対してすべきである。

最決平15.6.30刑集57-6-893

　捜査機関による押収処分を受けた者は、「留置の必要がない」場合（刑訴法222条１

項、123条１項）に当たることを理由として、その捜査機関に対して押収物の還付を請求することができる。

☞ 押収物が盗品等*で留置の必要がないものは、被害者に還付すべき理由が明らかなときに限り、捜査の終結を待たないで、これを被害者に還付しなければならない（刑訴法222条１項、124条１項、犯捜規115条）。

＊ 財産犯により不法に領得された財物で、被害者が法律上追及できるものをいう（大判大12.4.14刑集2-336）。

☞ これらの処分についても、司法巡査は行うことができず、司法警察員が行う（刑訴法222条１項ただし書）。

☞ 還付等の処分に当たっては、司法警察員は警察本部長又は警察署長の指揮を受ける（犯捜規112条１項）。

POINT　還付を受けることができる「被害者」

還付を受けることができる「被害者」とは、当該事件の保護法益の主体である者をいう。被害者が死亡していれば、その相続人に還付する。また、被害者が所在不明・氏名不詳である場合には、公告により還付できる。

定義「被害者に還付すべき理由が明らかなとき」とは、被害者が私法上無条件で押収された盗品等の引渡しを請求する権利を有することが明白な場合をいう。

☞ 還付に当たっては、還付を受ける者が正当な権限を有する者であるかどうかについて調査を行い、事後に紛議の生ずることのないようにしなければならない（犯捜規115条）。

☞ 押収物が恐喝・詐欺事件の被害品である場合、瑕疵ある意思表示は取消権者の取消しがあるまでは有効なものとして取り扱われる（民法96条１項）ことから、取消権者である被害者の取消し意思を確認するなどした上で、被害者に押収物を還付する。

想定問答　詐欺事件等の被害品の還付先

Q 被疑者が窃取したクレジットカードを使用して、家電量販店からテレビ等を詐取した詐欺事件で、逮捕した被疑者方から被害に遭ったテレビ等を押収したが、還付先は家電量販店でよいか。

Ａ　詐欺事件の被害品については、取消権者の取消しがあるまでは有効なものとして取り扱われるから、家電量販店の詐欺による取消しの意思表示を確認し、家電量販店に対して還付してよい。

なお、恐喝の被疑者から押収した被害物品を、恐喝の被害者に還付することは、被害者において被疑者に対し取消しの意思表示をした事実がない限り、刑訴法124条にいう「被害者に還付すべき理由が明らかなとき」に当たらず、違法であるとした裁判例（京都地決昭48.6.27刑裁月報5-6-1070）がある。

3　不服申立て

☞　押収に対して不服のある者は、準抗告の申立てができるが、捜索に対しては、準抗告を申し立てられない（刑訴法429条１項２号、430条１項・２項）。

（根拠）捜索は差押えの手段であり、占有移転を伴うため権利侵害が継続的に生ずる押収とは異なり、権利侵害は即時的なので、押収に対する救済制度を設ければ足り、捜索自体については取消しの利益がないと考えられるからである。

第16章　検証と実況見分

■刑訴法

〔令状による差押え・記録命令付差押え・捜索・検証〕

第218条　検察官、検察事務官又は司法警察職員は、犯罪の捜査をするについて必要があるときは、裁判官の発する令状により、差押え、記録命令付差押え、捜索又は検証をすることができる。この場合において、身体の検査は、身体検査令状によらなければならない。

②・③〔略〕

④　第１項の令状は、検察官、検察事務官又は司法警察員の請求により、これを発する。

⑤・⑥〔略〕

〔差押え等の令状の方式〕

第219条　前条の令状には、被疑者若しくは被告人の氏名、罪名、差し押さえるべき物、記録させ若しくは印刷させるべき電磁的記録及びこれを記録させ若しくは印刷させるべき者、捜索すべき場所、身体若しくは物、検証すべき場所若しくは物又は検査すべき身体及び身体の検査に関する条件、有効期間及びその期間経過後は差押え、記録命令付差押え、捜索又は検証に着手することができず令状はこれを返還しなければならない旨並びに発付の年月日その他裁判所の規則で定める事項を記載し、裁判官が、これに記名押印しなければならない。

②・③〔略〕

cf. 犯捜規104条〔実況見分〕、105条〔実況見分調書記載上の注意〕、106条〔被疑者の供述に基づく実況見分〕、155条〔検証〕、157条〔実況見分に関する規定の準用〕

1　検証と実況見分

POINT　検証と実況見分の違い

検証と実況見分は、いずれも五官の作用により、場所、物、人の身体の性質・状態を、実験・認識する処分である。

検証や実況見分は、犯行現場や犯行状況を再現、記録して、現場を見ていない裁判官、裁判員や検察官、弁護人等にその状況が容易に理解できるように作成しておくことが重要である。

検証は強制処分である（刑訴法218条１項、220条１項、197条１項）が、実況見分は任意処分である。

検証によるか実況見分によるかは、事案の性質・軽重、場所等を考慮して判断する。

◘主要判例――検証の性質

最決平21.9.28刑集63-7-868

荷送人の依頼に基づき宅配便業者の運送過程下にある荷物について、捜査機関が、捜査目的を達成するため、荷送人や荷受人の承諾を得ずに、これに外部からエックス線を照射して内容物の射影を観察する行為は、検証としての性質を有する強制処分に当たる。

――ＧＰＳ捜査の適法性

最大判平29.3.15刑集71-3-13

GPS 捜査は、情報機器の画面表示を読み取って対象車両の所在と移動状況を把握する点では刑訴法上の「検証」と同様の性質を有するものの、対象車両に GPS 端末を取り付けることにより対象車両及びその使用者の所在の検索を行う点において、「検証」では捉えきれない性質を有することも否定し難いことから、個人の意思を制圧して憲法の保障する重要な法的利益を侵害するものとして、刑訴法上、特別の根拠規定がなければ許容されない強制の処分に当たるとともに、一般的には、現行犯逮捕等の令状を要しないものとされている処分と同視すべき事情があると認めるのも困難であるから、令状がなければ行うことのできない処分と解すべきであり、その特質に着目して憲法、刑訴法の諸原則に適合する立法的な措置が講じられることが望ましい。

POINT　検証・実況見分をする場合

●検証とすべき場合

- 被処分者から実況見分の承諾を得るのが難しい場合
- 管理権者の承諾は得られても第三者による妨害が予想される場合
- 物の損壊など財産や権利に影響を及ぼすような処分をする場合
- 重大事件の犯行現場等で処分に関する疑義を招かないようにする場合
- **携帯電話機等の位置検索や荷物のエックス線検査**など個人のプライバシー侵害のおそれがある場合

●実況見分で足りる場合
- 居住者や権利権者等の承諾が得られる場合
- 公道上など個人の権利・利益を侵害するおそれのない場合

要 件

検証
① 司法警察職員
② 犯罪の捜査をするについて必要があるとき
③ 裁判官の発する検証許可状によること

☞ 検証の手続は、基本的に、捜索・差押えの手続に準ずる（刑訴法218条１項、222条１項・４項～６項）。

☞ 検証を行うに当たっては、実況見分に関する犯捜規104条３項から106条が準用される（犯捜規157条１項）。

☞ 捜査機関の行う検証については、準抗告を申し立てることはできない（刑訴法430条）。

2　検証許可状の請求と発付

要 件

● 検証許可状の請求
① 司法警察員（指定司法警察員）
② 検証の実体要件があること
　ア 捜査のため必要があること
　イ 被疑者が罪を犯したと思料されること
③ 刑訴規則155条１項１～５号、７号に定めた事項を記載すること
④ 被疑者が罪を犯したと思料されるべき資料（疎明資料）を提供すること

● 検証許可状の発付
⑤ 裁判官による審査・発付

☞ 検証許可状及び検証の一態様である身体検査令状の請求は、指定司法警察員が行う（刑訴法218条４項、犯捜規137条）。
　司法巡査には、請求する権限がない（刑訴法218条４項）。

☞　検証許可状の請求に当たっては、捜索・差押えの場合と同様に、規則に定める事項を記載し（刑訴規則155条１項）、令状請求書を裁判官に提出する（刑訴規則139条１項、299条）。

刑訴規則155条１項に規定する、検証許可状請求時の記載要件は、

①　検証すべき場所、身体若しくは物
②　請求者の官公職氏名
③　被疑者又は被告人の氏名（被疑者又は被告人が法人であるときは、その名称）
④　罪名及び犯罪事実の要旨
⑤　７日を超える有効期間を必要とするときは、その旨及び事由
⑥　日出前又は日没後に検証をする必要があるときは、その旨及び事由

である。

☞　この請求書には、被疑者が罪を犯したと思料されるべき資料を提供しなければならない（刑訴規則156条）。

POINT　嫌疑の程度

嫌疑は、疎明で足りると解される。

嫌疑の程度は、検証の場合の方が逮捕よりも権利の制約の程度が低いと考えられることなどから、逮捕の「相当な理由」に比べてより低い嫌疑で足りる（刑訴規則156条１項）。

☞　検証許可状の発付に当たっては、捜索・差押えの場合と同様に、被疑者若しくは被告人の氏名、罪名等を記載するほか、検証すべき場所又は物を記載する（刑訴法219条１項）。

3　検証許可状の執行

要　件

①　適法な検証許可状による検証であること
②　検証許可状に記載された場所・身体、物に限られること
③　検証許可状を被処分者に示すこと
④　検証に立会人がいること

⑴ 「必要な処分」の概念

☞ 検証については、身体の検査、死体の解剖、墳墓の発掘、物の破壊その他必要な処分をすることができる（刑訴法222条１項、129条）（➡身体の検査については第18章161頁以下参照）。

☞ 検証についての必要な処分は、例示的に示された処分のほかに、その目的を達成するために必要なあらゆる事実的処分を含む。

☞ 検証についての必要な処分は、検証の目的を達成するのに必要最小限度の範囲内で、相当な方法によるものでなければならない。

◇主要判例――検証を違法とした事例

東京高判平28.12.7高刑集69-2-5

パソコンを解析し、偽造文書を作成、販売するとしているインターネットサイトで、注文の連絡先とされていたメールアドレスのアカウントへのアクセス履歴の存在等が認められたことから、パソコンからインターネットに接続し、メールサーバにアクセスすることなどを企画し、検討の結果、メールサーバへのアクセスも検証のために「必要な処分」として許容されると考え、別件を被疑事実とする本件パソコンの検証許可状の発付を得て、パソコンの内容を複製したパソコンからインターネットに接続してメールサーバにアクセスし、メール等を閲覧、保存したのは、検証許可状に基づいて行うことができない強制処分を行ったものである。

想定問答　任意提出を拒否された証拠品を「必要な処分」として持ち帰ることの可否

Q 検証の場所を被疑者方とする検証許可状の発付を得て、被疑者と同居している内妻Ｙを立会人として検証を実施したところ、証拠品と思われる物を発見したので、Ｙに対して任意提出を求めたところ、同人はこれを拒否して応じなかった。

この場合、発見した証拠品を、検証に伴う必要な処分として持ち帰ることができるか。

A 検証に伴う「必要な処分」として、証拠品を持ち帰ることはできない。この場合、差押許可状の発付を得て証拠品を差し押さえる。

刑訴法222条１項が準用する同法129条に定める「必要な処分」は、あくまでも特定の場所又は物に対して行われる検証の目的を達するために必要な限度内においてのみ許容される付随処分であって、捜査上の必要があれば何ら制約を受けずに行うことができるという性質の強制処分ではない。

検証中にたまたま発見した証拠物を検証現場から持ち出して本署まで持ち帰るという措置は、特定の場所又は物に対する検証の目的を達するために必要な処分であるとはいえない。

捜査機関が財物に対する占有を取得するための手続としては、「押収」という手続が規定されているのであるから、証拠物に対して占有を取得する必要がある場合には、押収手続によらなければならない。

(2) 物の破壊

☞ 物の破壊は、捜索・差押えの場合でも「必要な処分」として行い得る。

☞ 処分の性質上、検証の場合とは異なる。

すなわち、捜索・差押えの場合は、証拠とすべき物を捜し出して自己の支配下に占有を移転するために必要な程度の物の破壊である。

☞ 検証の場合は、物の存在・状態・性質を直接認識し、認識した結果自体を証拠とするための手段として必要な物の破壊（爆発物を爆発させるなど）である。

想定問答　板壁の一部を破壊して、隠し部屋に入り検証することの適否

Q 対立抗争する団体に関する逮捕・監禁被疑事件につき、監禁現場を検証するため、検証許可状の発付を得て、そのアジトに赴き、責任者に同許可状を示して検証を開始したところ、板壁で巧妙に仕切られた向こうに隠し部屋があることを発見し、そこが監禁場所と認められた。ところが、隠し部屋を検証するためには板壁を破壊して中に入るしか方法がなかった。

この場合、板壁の一部を破壊して、隠し部屋に入り検証することは適法か。

A 板壁の一部を破壊して、隠し部屋に入り検証することは適法である。

検証に際しての「物の破壊」には、検証そのものとして行う場合と、検証の準備的手段として行う場合とがある。しかし、いずれも所有者の財産権に対する直接の侵害であるから、その必要性の判断は慎重になされなければならない（犯捜規140条２項）。

アジトの隠し部屋には入口等がなく、同所を検証するためには、その準備的手段として板壁を破壊して中に入る以外に方法がないことから、必要最小限度の範囲で板壁を破壊する行為は適法である。

POINT　必要な処分としての「物の破壊」の免責

検証における「必要な処分」に伴う物の破壊は、社会通念上妥当な手段・方法の範囲内である限り、損害賠償責任を負わない。

(3) 補助者、立会人等

☞ 検証者は必要な処分を行うに当たって、専門家を補助者とすることが許される。

☞ 検証の実施については、捜索・差押えに関する多くの規定が準用される（刑訴法222条１項）。

☞ 検証を行うときは、実況見分と異なり、令状による場合に限らず令状によらない場合でも、必ず立会人を置かなければならない（刑訴法142条、222条１項、114条）。

POINT　検証場所による立会人の限定

検証を行う場所により、その立会人が次のように限定されている。

① 公務所内
　その長又はこれに代わるべき者

② 人の住居又は人の看守する邸宅、建造物若しくは船舶内
　住居主若しくは看守者又はこれらの者に代わるべき者

③ ②で所定の立会人を立ち会わせることができないとき
　隣人又は地方公共団体の職員（警察職員を除く。）

4　令状によらない検証

☞ 司法警察職員は、被疑者を逮捕する場合において必要があるときは、令状がなくても、逮捕の現場で検証をすることができる（刑訴法220条１項２号・３項）。

☞ 身体の拘束を受けている被疑者の指紋若しくは足型を採取し、身長若しくは体重を測定し、又は写真を撮影するには、被疑者を裸にしない限り、刑訴法218条１項の令状によることを要しない（同条３項）。

定義「裸」とは、人が通常露出しない部分を露出させることをいう。

☞ 一般的には、腕や脚の下部を露出させることは許されるであろうが、それ以上に衣服で覆われている部分を露出させることはできない。

5　検証調書、実況見分調書

(1) 作成の留意事項

☞ 検証や実況見分の結果は、検証調書（司法警察職員捜査書類基本書式例様式第40号、同41号）や実況見分調書（同様式第46号）にまとめる。

☞ 実況見分・検証の結果を記載する実況見分調書及び検証調書は、作成者がその認識した事実をありのままに記載する必要がある。作為を施してはならない。また、正確であることはいうまでもないが、読みやすくて分かりやすいものでなくてはならない。

Column

司法制度改革により裁判員裁判が導入され、市民である裁判員が法廷で直接心証を形成できるように、実況見分調書を簡潔・明瞭化することが求められ、本文・写真一体方式による実況見分調書等が作成されるようになった（犯捜規104条４項）。しかし、作成方式が変わったといっても、実況見分のやり方や調書の作成に変更を加えるものではないことに留意すべきである。

☞ 実況見分は、居住者、管理者その他関係者の立会いを得て行い、その結果を正確に記載しておかなければならない（犯捜規104条２項）。

☞ 被疑者、被害者その他の関係者に対し説明を求めた場合においても、その指示説明の範囲を超えて記載してはならない（犯捜規105条１項）。

☞ 被疑者、被害者その他の関係者の指示説明の範囲を超えて、特にその供述を実況見分調書に記載する必要がある場合には、取調べの規定が適用される（被疑者について刑訴法198条３項～５項、参考人について同法223条２項）。

☞ 被疑者に関しては、あらかじめ、自己の意思に反して供述をする必要がない旨を告げ、かつ、その点を調書に明らかにしておかなければならない（犯捜規105条２項）。

POINT　立会人の指示説明と現場供述

検証や実況見分に際しては、検証や実況見分の対象を特定し、検証や実況見分事項を明確にする手段として、立会人から犯行当時の状況等について指示説明を受けて記載するのが通常である。「立会人の指示説明」は、現場で供述を得るためのものではない（現場供述については、別途、供述調書を作成すべきである。）。

したがって、検証調書や実況見分調書と一体として証拠能力が認められるためには、立会人の現場供述ではなく、指示説明であることを明確にする記載が求められる。

例えば、指示者がＡ地点で、「ここで○○しました。」と指示した旨を記載すると、現場供述と評価されかねないので、「立会人は、『○○したのは、ここ（Ａ地点）です。』と説明した。その地点は、……（基点をとって測定した距離等を記入する。）の距離にある。この地点を（イ）とし、見取図の該当箇所に（イ）と記入した。」などというように記載すべきである。

(2) 検証調書・実況見分調書の証拠能力

☞ 捜査機関が作成する検証調書は、検証を実施した司法警察職員等の供述書であるから、伝聞法則（刑訴法320条１項）の適用を受ける。

しかし、その検証を実施した司法警察職員等が公判期日において証人として尋問を受け、当該検証調書が真正に作成されたものであることを供述すれば、伝聞法則の例外として、証拠能力が与えられる（刑訴法321条３項）。

定義 「真正に作成されたものであることの供述」とは、作成名義の真正、すなわち自己の作成に係るものであることの供述と、記載内容の真正、すなわち検証結果をありのままに記載したものであることを証言することである。

☞ 実況見分調書も、強制か任意かの差はあるが、検証の結果を記録した検証調書に含まれるものとして証拠能力が認められる（最判昭35.9.8刑集14-11-1437）。

◇主要判例———実況見分調書の主体は捜査機関に限るとされた事例

最決平20.8.27刑集62-7-2702

火災原因の調査、判定に関し特別の学識経験を有する私人が燃焼実験を行ってその考察結果を報告した書面については、**刑訴法321条３項所定の書面の作成主体が「検察官、検察事務官又は司法警察職員」**と規定されていること及びその趣旨に照らし同項の準用はできないが、刑訴法321条４項の書面に当たる。

◇主要判例———犯行再現記録書面の証拠能力

最決平17.9.27刑集59-7-753

捜査官が被害者や被疑者に被害・犯行状況を再現させた結果を記録した実況見分調書等で、実質上の要証事実が再現されたとおりの犯罪事実の存在であると解される書証が証拠能力を具備するためには、刑訴法321条３項所定の要件が満たされるほか、再現者の供述録取部分については、再現者が被疑者以外の者である場合には同法321条１項２号ないし３号所定の要件が、再現者が被疑者である場合には同法322条１項所定の要件が、写真部分については、署名押印の要件を除き供述録取部分と同様の要件が満たされる必要がある。

———被害状況再現記録書面の証拠能力

最決平27.2.2判タ1413-101

被害者等が被害状況等を再現した結果を記録した捜査状況報告書を刑訴法321条１項３号所定の要件を満たさないのに同法321条３項のみにより採用したのは違法である。

第17章　鑑定などの嘱託

■刑訴法

〔鑑定と必要な処分、許可状〕

第168条　鑑定人は、鑑定について必要がある場合には、裁判所の許可を受けて、〔中略〕身体を検査〔中略〕することができる。

②～⑤〔略〕

⑥　第131条、第137条、第138条及び第140条の規定は、鑑定人の第１項の規定によつてする身体の検査についてこれを準用する。

〔第三者の任意出頭・取調べ・鑑定等の嘱託〕

第223条　検察官、検察事務官又は司法警察職員は、犯罪の捜査をするについて必要があるときは、被疑者以外の者の出頭を求め、これを取り調べ、又はこれに鑑定、通訳若しくは翻訳を嘱託することができる。

②〔略〕

〔鑑定の嘱託と鑑定留置の請求〕

第224条　前条第１項の規定により鑑定を嘱託する場合において第167条第１項に規定する処分を必要とするときは、検察官、検察事務官又は司法警察員は、裁判官にその処分を請求しなければならない。

②〔略〕

〔鑑定に必要な処分〕

第225条　第223条第１項の規定による鑑定の嘱託を受けた者は、裁判官の許可を受けて、第168条第１項に規定する処分をすることができる。

②　前項の許可の請求は、検察官、検察事務官又は司法警察員からこれをしなければならない。

③　裁判官は、前項の請求を相当と認めるときは、許可状を発しなければならない。

④　第168条第２項乃至第４項及び第６項の規定は、前項の許可状についてこれを準用する。

cf. 犯捜規187条〔鑑定の嘱託〕、188条〔鑑定嘱託書〕、189条〔鑑定処分許可状及び鑑定留置〕、190条〔鑑定留置の際の注意〕、191条〔鑑定人に対する便宜供与〕

1　鑑定嘱託

定義 「鑑定」とは、特別の知識経験を持つ者が認識できる法則又は事実の報告をいう。

☞　鑑定には、裁判所が命じた鑑定人による鑑定（刑訴法165条〜174条）と捜査機関の嘱託による鑑定受託者による鑑定（刑訴法223条〜225条）とがある。

☞　鑑定の経過及び結果を記載した書面で鑑定人の作成したものは、鑑定人が公判廷で証人として尋問を受け、その真正に作成されたものであることを供述したときは証拠となる（刑訴法321条４項）。

(1)　鑑定嘱託の意義

☞　捜査機関は、捜査のため必要があるときは、鑑定を嘱託することができる（刑訴法223条１項）。

定義 鑑定の嘱託は、捜査機関が捜査に必要な実験法則等に関する知識・経験の不足を補うため、指示事項につき第三者に新たに調査をさせ、法則又はこれを適用して得た具体的事実判断等を報告させるものである（最判昭28.2.19刑集7-2-305）。

☞　鑑定嘱託に当たっては、警察本部長又は警察署長の指揮を受けなければならない（犯捜規187条）。

(2)　鑑定嘱託の手続

☞　鑑定嘱託は、犯捜規188条１項に定める事項を記載した鑑定嘱託書による。

☞　鑑定嘱託書中に鑑定人に予断又は偏見を生ぜしめるような事項を記載してはならない（犯捜規188条２項）。

☞　鑑定嘱託は任意処分であり、嘱託を受けた者はこれを拒むことができる。

POINT　鑑定嘱託に当たっての留意点

① 鑑定事項について、中正・公平な立場にあり、かつ、権威ある専門家たる適切な鑑定人を選定すること。

② 捜査官が、適切な鑑定事項を選定して鑑定嘱託をすること。

③ 鑑定資料の発見・収集・保管過程の適切さを確保すること（特に微物が対象となる場合には、変形、変質、滅失、散逸、混合等がないように注意が必要である。）。

④ 鑑定結果に対する適切な評価を行うこと。

(3)　鑑定書の提出等

☞　鑑定を嘱託した捜査機関は、鑑定のため必要があるときは、鑑定人に書類及び証拠物を閲覧若しくは謄写させ、被疑者その他関係者の取調べに立ち会わせ、又はこれらの者に対し質問をさせることができる（犯捜規191条）。

☞ 鑑定を嘱託した場合には、鑑定受託者から、鑑定の日時・場所・経過・結果を記載した鑑定書を提出させることになる（犯捜規192条１項）。受託者が数人あるときは、共同の鑑定書でもよい（犯捜規192条２項）。

☞ 鑑定事項のいかんにより、鑑定の経過及び結果が簡単であるときは、鑑定書に代えて、受託者から口頭の報告を求めることができる。しかし、この場合には、その供述を録取した供述調書を作成しておかなければならない（犯捜規192条１項ただし書）。この供述調書作成については、被疑者以外の者の供述調書の場合と同じ取扱いがされる（刑訴法223条２項、198条３項～５項）。

☞ 鑑定書の記載に不明又は不備があるときは、受託者に対し、これを補充する書面の提出を求めて鑑定書に添付しなければならない（犯捜規192条３項）。

2　鑑定処分許可状の請求・発付

要　件

● 鑑定処分許可状の請求
 ①　司法警察員
 ②　鑑定処分の実体要件があること
  ア　捜査のため必要があること
  イ　被疑者が罪を犯したと思料されること
 ③　刑訴規則159条１項１～６号に定めた事項を記載すること
 ④　鑑定処分のための必要性及び相当性を裏付ける資料並びに被疑者が罪を犯したと思料されるべき資料を提供すること

● 鑑定処分許可状の発付
 ⑤　裁判官による審査・発付

⑴　請　求

☞ 司法警察員から、刑訴規則159条に規定する事項を記載した鑑定処分許可状の請求を裁判官に行う。

☞ 司法巡査及び鑑定受託者自身は鑑定処分許可状の請求をすることはできない（刑訴法225条２項）。

鑑定処分許可状の請求書には、刑訴規則159条１項に定める、

①　請求者の官公職氏名

②　被疑者又は被告人の氏名（被疑者又は被告人が法人であるときは、そ

の名称）

③ 罪名及び犯罪事実の要旨

④ 鑑定人の氏名及び職業

⑤ 鑑定人が立ち入るべき住居、邸宅、建造物若しくは船舶、検査すべき身体、解剖すべき死体、発掘すべき墳墓又は破壊すべき物

⑥ 許可状が発付から７日を超える有効期間を必要とするときは、その旨及び事由

を記載しなければならない。

根拠 鑑定処分許可状の請求に当たってこのような記載事項が求められるのは、鑑定処分の請求についての手続を慎重かつ明確にさせるためである。

☞ 被疑者又は被告人の氏名や名称が明らかでないときは、その旨を記載すれば足りる（刑訴規則159条２項、155条３項）。なお、例えば、殺人事件の初動捜査において、被疑者不詳でも鑑定処分許可状の請求はできる。

☞ 鑑定処分許可状は特定の鑑定人に対する許可状なので、鑑定人が変われば新たな鑑定処分許可状が必要である。

☞ 鑑定処分の必要性は、鑑定受託者が判断すべきであるが、捜査機関が請求する以上、捜査機関として明らかに鑑定処分の必要性がないと認める場合には請求すべきではない。

(2) 発　付

☞ 裁判官は、相当と認めるときは、鑑定処分許可状を発付しなければならない（刑訴法225条３項）。

この場合、裁判官は、鑑定処分の必要性を判断するものと解される。

☞ 鑑定処分許可状には、被告人の氏名、罪名及び立ち入るべき場所、検査すべき身体、解剖すべき死体、発掘すべき墳墓又は破壊すべき物並びに鑑定人の氏名その他裁判所の規則で定める事項を記載しなければならない（刑訴法168条２項）。

◘主要判例――鑑定処分許可状の発付を受けることなく覚醒罪の検査を行ったことを違法とした事例

東京地判平4.7.9判時1464-160

遺失物として届けられたバッグの中に覚醒剤と疑われる白色結晶があったため、担当の警察官が、所属する警察署長名でなした任意提出、領置の手続に違法はないが、領置された覚醒剤について、鑑定処分許可状を得ることなく予試験及び本試験を行った手続は違法である。

3　鑑定に必要な処分

☞　捜査機関から鑑定の嘱託を受けた者は、裁判官の許可を受けて刑訴法168条1項に規定する処分をすることができる（刑訴法225条1項）。

すなわち、人の住居若しくは人の看守する邸宅、建造物若しくは船舶内に入り、身体を検査し、死体を解剖し、墳墓を発掘し、又は物を破壊することができる（➡身体の検査については第18章161頁以下参照）。

☞　検証の場合にも同種の処分が許されるが（刑訴法222条1項、129条）、検証と鑑定ではその目的が異なっており、また、鑑定は専門家の手によって行われることから、その方法、内容に差異がある。

POINT　押収物の鑑定

押収物を鑑定するに当たり、被押収者がその行為を承諾し、又はその物の所有権放棄の意思表示をすれば、鑑定処分許可状によることなく、物の破壊等の必要な処分を行うことができる。

(1)　死体の解剖

☞　殺人被疑事件等において死者の創傷の部位・程度、自他殺の別、死因等を明らかにするため解剖する場合（司法解剖）などが認められる。

☞　変死体（変死者又は変死の疑いのある死体）の検視（刑訴法229条）によって、それが他殺の疑いがあることが判明した場合、あるいは、検視を経ずとも最初から他殺の死体であることが判明している場合等には、犯罪の捜査をするために、捜査機関としては、死体の死因及び死後の推定経過時間等の鑑定を専門家に嘱託すべきである（刑訴法223条1項、225条1項、168条1項）。

(2)　物の破壊

☞　鑑定の準備的手段として住居内に立ち入るために入り口の鍵を壊したり、あるいは、注射液の入ったアンプルを壊したりする場合、さらには、鑑定処分そのものとして拳銃や爆発物の殺傷力等を鑑定するために対象物を分解し、あるいは現実に爆発させる場合などには物の破壊が認められる。

(3)　必要な処分における準用

☞　鑑定受託者が捜査機関の嘱託に基づき、裁判官の許可を受けて行う鑑定に「必要な処分」においては、刑訴法225条4項により、同法168条2項（許可状に記載する事項）・3項（身体検査についての条件）・4項（被処分者への令状提示）・6項（女子の場合の取扱い）の各規定が準用されている。

☞ 間接強制の限度ではある（刑訴法139条が準用されていない）が、一定の強制手段をとることができる。

4 鑑定留置

(1) 鑑定留置の請求書と鑑定留置状

☞ 被疑者の心神又は身体に関する鑑定をする必要があるとき、司法警察員は、裁判官に鑑定留置の処分を請求しなければならない（刑訴法224条１項、167条１項、刑訴規則299条）。

鑑定留置の要件は、

- 被疑者を一定の期間、病院その他の相当な場所に留置しておく必要があること
- 被疑者が罪を犯したことを疑うに足りる相当な理由があること

であるが、住居不定、証拠隠滅のおそれ又は逃亡のおそれは、不要である。

鑑定留置請求書には、

① 被疑者の氏名、年齢、職業及び住居
② 罪名及び被疑事実の要旨
③ 請求者の官公職氏名
④ 留置の場所
⑤ 留置を必要とする期間
⑥ 鑑定の目的
⑦ 鑑定人の氏名及び職業
⑧ 被疑者に弁護人があるときは、その氏名

を記載する（刑訴規則158条の２第１項）。

☞ 司法警察員から鑑定留置の請求を受けた裁判官は、その請求を相当と認めるときは、鑑定留置状を発しなければならない（刑訴法224条２項前段、167条）。

☞ 鑑定留置状の執行は、原則として、検察官が指揮して行う（刑訴法224条２項、167条５項、70条～73条、472条、473条、刑訴規則72条、74条、75条）。

☞ 鑑定留置状では、被処分者の身体検査を行うことはできない。したがって、身体検査を行う必要があるときは、改めて鑑定処分許可状の発付を得なければならない。

◆主要判例———鑑定留置が不相当とした事例

大阪地堺支決平8.10.8判時1598-161

【事案】 団地に住む被疑者が、階下の住人方の玄関ドアに掛けてあるドア飾りに痰唾を吐きかけ、別の日にも同じ玄関ドアの新聞投函口に入っていた新聞紙に痰唾を吐きかけ、それぞれ器物を使用不能にして損壊したというもの。

【判旨】 被疑者に対して３か月の鑑定留置期間を定めた鑑定留置の裁判は、事案の軽重との均衡を失して長過ぎ、１か月が相当であるとした準抗告審の決定がなされた後に、鑑定留置期間を更に１か月延長する旨の検察官の請求を認容した原裁判は、事案や予想される処分内容に比して被疑者に過度の負担を強いることになり、相当ではない。

POINT　簡易鑑定

被疑者の責任能力については、裁判官から鑑定処分許可状の発付を得て鑑定するのではなく、検察官が、勾留中の被疑者から診断承諾書を受領し、心神の状態を数時間専門医に診断してもらうという簡易な方法により鑑定を実施する場合がある。これを、簡易鑑定という。

簡易鑑定によって更に詳しく診断する必要があると判断されれば、鑑定留置請求書を裁判官に提出し、鑑定留置状の発付を受ける手続をとることになる。

◆主要判例———鑑定留置中の取調べ

広島高判昭49.12.10判時792-95

被疑者に対する鑑定留置は、被疑者の心神又は身体に関する鑑定目的を達成するために必要な留置処分として行うものであり、捜査官が、鑑定留置による身柄拘束を被疑者の取調べに利用する目的で鑑定留置を請求することは許されない。ただし、鑑定人の鑑定目的遂行に支障を及ぼさない限度において、鑑定留置中の被疑者を任意に取り調べることは許容される。

⑵　鑑定留置と勾留

☞　鑑定留置は、裁判官の命じる身柄拘束に関する強制処分であるから、憲法33条及び34条の趣旨に照らし、原則として、勾留に関する規定が準用される（刑訴法224条２項、167条５項）。

☞　勾留中の被疑者に対する身柄拘束期間（刑訴法208条）は、その性質上、準用されない。

したがって、勾留中の被疑者に対して、鑑定留置中、鑑定の必要がなくなった場合、裁判官に鑑定留置の取消しを求め（刑訴法87条）、鑑定留置が取り消されたときに勾留の執行に切り替わると考えられる。また、身柄が拘束されていない被疑者を鑑定留置状により留置し、その期間満了前に釈放する場合には、裁判官に対し、鑑定留置の取消しを求め、その取消しを待って釈放すべきである。

想定問答　**鑑定留置と勾留に伴う処分の効力**

Q　鑑定留置に付された者について、勾留中の被疑者等に対する接見禁止等に関する決定の効力は鑑定中も継続するのか。また、再び収容された後に復活するのか。

A　接見禁止処分は勾留処分を前提としてなされるものであるから、鑑定留置処分によって勾留の執行停止がなされる以上、接見禁止決定はその効力を失う。

もっとも、鑑定留置の場合、勾留に関する規定が準用されるので、鑑定留置中に接見禁止の必要があれば、改めて接見禁止の処分を求めることができる（この場合、刑訴法39条３項の接見指定の規定も適用される。）。

鑑定留置の取消し又は期間満了によって再度収容されても、その効力は復活しない。

再度収容した後、弁護人以外の者との接見等を禁止する必要があれば、改めてその旨の決定を求めなければならない。

(3)　鑑定留置の場所と看守

☞　鑑定留置の場所は、「病院その他の相当な場所」である。

通常、精神科病院等の病院施設が利用されるが、被疑者に自傷他害のおそれが予想されるような場合には、刑事施設に留置することもできる（刑訴法224条２項、167条１項）。

☞　留置場所の変更は、裁判による必要がある。

☞　留置につき必要があるときは、裁判所は、被疑者を収容すべき病院その他の場所の管理者の申出により、又は職権で、司法警察職員に被疑者の看守を命ずることができる（刑訴法224条２項、167条３項）。

第18章　身体の検査

■刑訴法

〔令状による差押え・記録命令付差押え・捜索・検証〕

第218条　検察官、検察事務官又は司法警察職員は、犯罪の捜査をするについて必要があるときは、裁判官の発する令状により、差押え、記録命令付差押え、捜索又は検証をすることができる。この場合において、身体の検査は、身体検査令状によらなければならない。

②・③〔略〕

④　第１項の令状は、検察官、検察事務官又は司法警察員の請求により、これを発する。

⑤〔略〕

⑥　裁判官は、身体の検査に関し、適当と認める条件を附することができる。

〔令状によらない差押え・捜索・検証〕

第220条　検察官、検察事務官又は司法警察職員は、第199条の規定により被疑者を逮捕する場合又は現行犯人を逮捕する場合において必要があるときは、左の処分をすることができる。第210条の規定により被疑者を逮捕する場合において必要があるときも、同様である。

(1)〔略〕

(2)　逮捕の現場で〔中略〕検証をすること。

②〔略〕

③　第１項の処分をするには、令状は、これを必要としない。

④〔略〕

〔押収・捜索・検証に関する準用規定等〕

第222条　第99条第１項、第100条、第102条から第105条まで、第110条から第112条まで、第114条、第115条及び第118条から第124条までの規定は、検察官、検察事務官又は司法警察職員が第218条、第220条及び前条の規定によつてする押収又は捜索について、第110条、第111条の２、第112条、第114条、第118条、第129条、第131条及び第137条から第140条までの規定は、検察官、検察事務官又は司法警察職員が第218条又は第220条の規定によつてする検証についてこれを準用する。ただし、司法巡査は、第122条から第124条までに規定する処分をすることができない。

②～⑥　〔略〕

⑦　第１項の規定により、身体の検査を拒んだ者を過料に処し、又はこれに賠償を命ずべきときは、裁判所にその処分を請求しなければならない。

〔鑑定に必要な処分〕

第225条　第223条第１項の規定による鑑定の嘱託を受けた者は、裁判官の許可を受けて、第168条第１項に規定する処分をすることができる。

②・③　〔略〕

④　第168条第２項乃至第４項及び第６項の規定は、前項の許可状についてこれを準用する。

〔鑑定と必要な処分、許可状〕

第168条　鑑定人は、鑑定について必要がある場合には、裁判所の許可を受けて、人の住居若しくは人の看守する邸宅、建造物若しくは船舶内に入り、身体を検査し、死体を解剖し、墳墓を発掘し、又は物を破壊することができる。

②　裁判所は、前項の許可をするには、被告人の氏名、罪名及び立ち入るべき場所、検査すべき身体、解剖すべき死体、発掘すべき墳墓又は破壊すべき物並びに鑑定人の氏名その他裁判所の規則で定める事項を記載した許可状を発して、これをしなければならない。

③　裁判所は、身体の検査に関し、適当と認める条件を附することができる。

④　鑑定人は、第１項の処分を受ける者に許可状を示さなければならない。

⑤　〔略〕

⑥　第131条、第137条、第138条及び第140条の規定は、鑑定人の第１項の規定によつてする身体の検査についてこれを準用する。

〔女子の身体の捜索と立会い〕

第115条　女子の身体について捜索状の執行をする場合には、成年の女子をこれに立ち会わせなければならない。但し、急速を要する場合は、この限りでない。

〔身体の検査に関する注意〕

第131条　身体の検査については、これを受ける者の性別、健康状態その他の事情を考慮した上、特にその方法に注意し、その者の名誉を害しないように注意しなければならない。

② 女子の身体を検査する場合には、医師又は成年の女子をこれに立ち会わせなければならない。

〔身体検査拒否の過料等〕

第137条 被告人又は被告人以外の者が正当な理由がなく身体の検査を拒んだときは、決定で、10万円以下の過料に処し、かつ、その拒絶により生じた費用の賠償を命ずることができる。

② 前項の決定に対しては、即時抗告をすることができる。

〔身体検査の拒否と刑罰〕

第138条 正当な理由がなく身体の検査を拒んだ者は、10万円以下の罰金又は拘留に処する。

② 前項の罪を犯した者には、情状により、罰金及び拘留を併科することができる。

〔身体検査の直接強制〕

第139条 裁判所は、身体の検査を拒む者を過料に処し、又はこれに刑を科しても、その効果がないと認めるときは、そのまま、身体の検査を行うことができる。

cf. 犯捜規107条〔女子の任意の身体検査の禁止〕、143条〔立会い〕、159条〔身体検査についての注意〕、160条〔医師等の助力〕

捜査機関が行う、身体を対象とする強制処分としての検査には、捜査の目的と必要性に照らして、

① 物の発見➡捜索としての身体検査
(刑訴法218条1項前段)
【捜索差押許可状が必要】

② 人の身体の形状・状態の認識➡検証としての身体検査
(刑訴法218条1項後段、犯捜規159条、160条)
【捜索差押許可状＋身体検査令状が必要】

③ 人の身体の状態等の判断➡鑑定処分としての身体検査
(刑訴法225条1項、168条1項)
【捜索差押許可状＋鑑定処分許可状（＋身体検査令状）が必要】

がある。

1　身体検査

(1)　捜索としての身体検査

定義　人の身体に対する捜索として行われる身体検査には、

ア　着衣のまま外部から手で触れたり、ポケットの内部や頭髪の中をあらためたり身体についての外面的な検査の場合には、**捜索差押許可状**で足りる。

イ　相手方を裸にして行う捜索及び口腔、肛門、膣内等の身体内部に対する捜索の場合には、**捜索差押許可状及び身体検査令状**が必要である。

ウ　嚥下した証拠物についてレントゲン照射したり、下剤を投与したりなどして人の生理的機能を損なう場合には、**捜索差押許可状及び鑑定処分許可状**が必要である。

なお、相手方が抵抗するなどの可能性がある場合には、身体検査令状も必要である。

◆主要判例――女性被疑者を全裸にしての検査を違法とした事例
東京高判平4.9.24高民集45-3-161
無免許運転で現行犯逮捕した女性被疑者に対して、留置施設の営造物管理権に基づいてなされた全裸の身体検査を違法とした。

想定問答　女性警察官による女性に対する身体捜索の場合の立会人

Q　女性警察官が、女性の身体に対する捜索許可状の執行をするに際し、ほかに立会人として成人の女子が必要か。

A　刑訴法115条は、「女子の身体について捜索状の執行をする場合には、成年の女子をこれに立ち会わせなければならない。但し、急速を要する場合は、この限りでない。」と規定し、同法222条１項により捜査機関が行う捜索に準用されている。
刑訴法115条の趣旨は、身体捜索の被処分者である女性の羞恥心を軽減することにある。したがって、女性警察官が女性の身体を捜索する場合には、同性であることから被処分者に羞恥心を抱かせるものではないといえるので、ほかに成人の女子の立会人は要しない（東京地決平2.4.10判タ725-243）。

(2)　検証としての身体検査

検証としての身体検査については、捜査機関は身体検査令状の請求に当たり、身体の検査を必要とする理由、受検者の性別、健康状態などを記載すべきものとされ（刑訴法218条５項、刑訴規則155条２項)、令状請求を受けた裁判官は、身体の検査に関し、適当と認める条件を付すことができる（刑訴法218条６項)。

検証としての身体検査には、身体の傷痕、入墨などの検査、口腔、肛門、膣内など体腔の検査のほか、指紋・掌紋・足型の採取、身長や体重の測定、写真撮影（刑訴法218条３項）などがある。

検証としての身体検査では、対象者を裸にし、身体の状態を確認することができる。

検証としての身体検査は、捜査機関が行うものであることから、専門家による鑑定処分としての身体検査とは異なる。必要があると認められるときは、医師その他専門的知識を有する者の助力を得て行わなければならない（犯捜規160条)。

検証としての身体検査の実施に当たっては、対象者の性別、健康状態その他の事情を考慮した上、特にその方法に注意し、その者の名誉を害しないように注意しなければならない。また、女子の身体検査については、名誉・貞操保護の見地から、必ず医師又は成年の女子を立ち会わせなければならない（刑訴法222条１項、131条２項)。

◘主要判例――身体検査令状で被疑者を検査場所まで連行することができるとした事例

東京高判平20.9.25東高刑時報59-1～12-83

身体検査令状において検査すべき身体は「被疑者の四肢」と記載されており、その着衣を脱がせる必要が生じる可能性があったことなど、対象者の現在する場所で検査することが相当でないときは身体検査令状では検査のため対象者を検査場所まで連行することが予定されているものであるから、令状にその旨の記載がなくても身柄を拘束されていない被疑者を検査場所まで連行することは可能である。

POINT　相手方が拒否したり、抵抗した場合の措置

検証としての身体検査について、被検査者が正当な理由なく身体検査を拒否したときは、過料・費用賠償（刑訴法222条１項、137条)、罰金・拘留（同法222条１項、138条）の間接強制が予定され、身体検査を拒む者を過料に処し、又はこれに刑を科してもその効果がないと認めるときは、そのまま直接強制により身体検査を行うことができる（同法222条１項、139条)。

直接強制に当たっては、目的達成のため必要最小限の有形力の行使が認められる。

※　過料は、行政罰としての金銭罰をいい、刑事罰としての科料（刑法９条）とは異なる。

(3) 鑑定処分としての身体検査

鑑定処分としての身体検査については、鑑定処分許可状により、これを行うことができるが（刑訴法168条１項）、強制の手段については、間接強制の限度にとどまる（同条６項）。

鑑定のための身体検査は専門家によって行われるものであるから、身体内部の検査はもとより、鑑定に必要な限度で、かつ、医学的に許される程度の処分を行うことができる。

したがって、例えば、①アルコールの血中濃度の測定又は血液型の判定等のため血液を血管から採取する場合や、②被疑者が窃取した貴金属等を嚥下（えんげ）し、それらが胃の中に存在するため、その身体内部をレントゲン透視や電波捜験器により検査する場合、③ DNA 型鑑定のための体液採取の場合などが許される。

社会通念上容認される限度のものであるならば、鑑定の必要上、身体の傷害をすること、例えば頭髪の除去等も許される。

想定問答　鑑定処分としての身体検査を拒否された場合の措置

Q　鑑定処分としての身体検査を拒否され、間接強制の方法によっては、その目的が果たせない場合、どのようにすればよいか。

A　鑑定処分の場合には、被検査者がこれを拒否した場合、検証の場合と違って、間接強制ができるにとどまる（刑訴法225条４項、168条６項、137条、138条）。

捜査機関は、鑑定処分許可状のほかに身体検査令状を得て、刑訴法222条１項が準用する同法139条により直接強制を行い、鑑定人がこれに立ち会って鑑定を行うべきである。

2　身体検査令状の請求・執行

要　件

- 身体検査令状の請求
  - ①　司法警察員（指定司法警察員）
  - ②　身体検査の実体要件があること
    - ア　捜査のため必要があること
    - イ　被疑者が罪を犯したと思料されること
  - ③　刑訴規則155条１項１～５号、７号に定めた事項を記載すること

④ 身体の検査を必要とする理由及び身体の検査を受ける者の性別、健康状態を記載すること（刑訴規則155条２項）

⑤ 被疑者が罪を犯したと思料されるべき資料（疎明資料）を提供すること

● 身体検査令状の発付

⑥ 裁判官による審査・発付

⑦ 裁判官は、身体の検査に関し、適当と認める条件を付することができる

☞ 身体検査令状の請求権者は、司法警察員である（刑訴法225条２項）。

☞ 司法警察員による請求は、身体検査令状請求書を作成し、やむを得ない場合を除いて、指定司法警察員が請求する（犯捜規137条１項）。

☞ 令状の請求は、原則として、当該事件の管轄にかかわらず、請求者の所属の官公署の所在地を管轄する地方裁判所又は簡易裁判所の裁判官にこれをしなければならない。ただし、やむを得ない事情があるときは、最寄の下級裁判所の裁判官にこれをすることができる（刑訴規則299条１項）。

☞ 裁判官は、請求された身体検査令状を審査して、要件が満たされていれば身体検査令状を発付する。

☞ 身体検査令状の執行は、司法警察員が被検査者に令状を提示して行う（刑訴法222条１項、110条）。

☞ 身体検査に際し、やむを得ない理由により立会人を得ることができなかったときは、その事情を身体検査調書に明らかにしておかなければならない（犯捜規158条２項）。

☞ 身体検査を行うに当たっては、裁判官の付した条件（刑訴法218条６項）を厳格に遵守するほか、性別、年齢、健康状態、場所的関係その他諸般の状況を考慮してこれを受ける者の名誉を害しないように注意し、かつ、穏当な方法で行わなければならない（犯捜規159条）。

☞ 身体検査を行うに当たっては、必要があると認められるときは、医師その他専門的知識を有する者の助力を得て行わなければならない（犯捜規160条）。

☞ 負傷者の負傷部位について身体検査を行うときは、その状況を撮影等により明確に記録する等の方法をとり、できる限り短時間のうちに終了するように努めなければならない（犯捜規161条）。

☞ 身体検査令状に基づいて被検査者に対して身体検査を実施した場合には、身体検査調書（甲）を作成しなければならない（司法警察職員捜査書類基本書式例様式第44号）。

☞ 逮捕に伴い身体検査を行った場合は、身体検査調書（乙）（司法警察職員捜査書類基本書式例様式第45号）を作成する。

第19章　体液等の採取

■刑訴法

〔令状による差押え・記録命令付差押え・捜索・検証〕

第218条　検察官、検察事務官又は司法警察職員は、犯罪の捜査をするについて必要があるときは、裁判官の発する令状により、差押え、記録命令付差押え、捜索又は検証をすることができる。この場合において、身体の検査は、身体検査令状によらなければならない。

②〜⑤〔略〕

⑥　裁判官は、身体の検査に関し、適当と認める条件を附することができる。

〔任意提出・領置〕

第221条　検察官、検察事務官又は司法警察職員は、被疑者その他の者が遺留した物又は所有者、所持者若しくは保管者が任意に提出した物は、これを領置することができる。

1　尿の採取

☞　捜査において、一般に、体液の採取には、相手方の承諾がある任意処分と裁判官の令状による強制処分とがある。

(1)　任意採尿

☞　覚醒剤自己使用事案などでの尿の採取方法は、まず被疑者の承諾の下で、自然排尿を待って採取すべきである。

☞　被疑者が承諾して、排泄した尿の任意提出を受け、領置することは問題ない(刑訴法221条)。

☞　尿は、いずれは体外に排泄されるものであり、排泄された尿を採取することは、被疑者の身体に障害をもたらすものではなく、被疑者の承諾があれば差し支えない。

☞　被疑者に対して自然排尿を促したり、説得したりすることは、強制にわたらない限り許される。

◆主要判例———同意による尿の提出は適法とした事例

大阪高判昭53.9.13判時917-141

【事案】 被告人が警察官の求めに応じ自らの排尿をポリ容器に入れた上、任意提出書を作成して提出したのを領置したもの。

【判旨】 尿の提出、領置は被告人の同意に基づくものとみられ、排尿は人の自然的な生理現象であるから、捜査官が覚醒剤使用の疑いを抱いた者に対し、捜査の必要上覚醒剤検査のため排尿の提供を求め、その排尿を待って提出を受け、これを領置することは、その者の同意に基づきなされる限り、任意捜査による押収手続として許される。

———任意採尿を違法とした事例

最判昭61.4.25刑集40-3-215

覚醒剤使用事犯の捜査に当たり、警察官が被疑者宅寝室内に承諾なしに立ち入り、また明確な承諾のないまま同人を警察署に任意同行した上、退去の申出にも応じず同署に留め置くなどして尿の提出、押収が行われた採尿手続は違法性を帯びる。

東京地判昭62.11.25判タ661-269

被疑者宅の捜索差押許可状が発付されていることを利用し、尿を差押目的物とする捜索差押許可状が存在するかのように同人を誤信させる発言をして被疑者を欺罔し、その結果、被疑者が強制採尿のための令状が発付されていると誤信して尿の任意提出に応じた手続は違法である。

(2) 強制採尿

ア 強制採尿の許否

強制採尿は、条件付捜索差押許可状（以下「**強制採尿令状**」という。）により許される（最決昭55.10.23刑集34-5-300）。

根拠 被疑者が尿を任意に提出しない場合、強制力を用いてその身体から尿を採取することは、身体に対する侵入行為であるとともに屈辱感等の精神的打撃を与える行為である。

しかし、通常用いられるカテーテルを尿道に挿入して尿を採取する方法は、医師等によって適切に行われる限り、身体上ないし健康上格別の障害をもたらす危険性は比較的乏しく、また、被疑者に与える精神的打撃も、検証の方法としての身体検査においても同程度の場合があり得るので、絶対に許されないということではない。

POINT 強制採尿が許される場合の要件

強制採尿が許されるのは、

❶ 被疑事件の重大性
覚醒剤使用事犯などであること

❷ 嫌疑の存在
通常の捜索差押許可状よりも高度な嫌疑であること

❸ 当該証拠の重要性とその取得の必要性
他の証拠があっても、尿が重要な証拠であり、立証上必要であること

❹ 適当な代替手段の不存在
他の科学的検査方法より実用的であること

等の事情に照らし、犯罪の捜査上真にやむを得ないと認められる場合で、

❺ 医師をして医学的に相当と認められる方法（条件）
➡刑訴法218条５項準用

である。

◇主要判例――尿の採取が適法とされた事例

最決平17.7.19刑集59-6-600

医師が、治療の目的で救急患者の尿を採取して薬物検査をしたところ、覚醒剤反応があったため、その旨警察官に通報し、これを受けて警察官が尿を押収したなどという場合に、警察官が患者の尿を入手した過程に違法はない。

東京地判平14.12.27判時1828-161

警察官が、被疑者に覚醒剤事犯の前科があることを知りながら、その精神障害のため自傷他害のおそれがあるとして、いわゆる精神保健福祉法等の法令に基づきその指定医に通報し、指定医が被疑者を睡眠状態にさせてカテーテル等を用いて採取した尿を差し押さえたことに違法はない。

☞ 強制採尿した尿は、尿が排泄物であり、捨てられるのが通常であることから、所有権放棄書を作成する必要はないし、被処分者が鑑定の承諾を拒んだ場合にも尿の鑑定のために鑑定処分許可状が必要となるわけではない。

イ　強制採尿のための令状請求

強制採尿令状の請求に当たっては、

① 被疑者が覚醒剤を使用していると疑うに足りる相当な理由（注射痕、器具の所持、風評、家族からの供述、前科・前歴、覚醒剤中毒の特徴の出現や言動等）を記載した捜査報告書

② 捜査報告書の内容を裏付ける資料

③　その他の資料

を疎明資料として請求する。

これらは少なくとも、犯罪の日時・場所の特定（概括的でよい。）及び被疑者が覚醒剤を使用していると疑うに足りる客観的な資料でなければならない。

強制採尿令状の「差し押さえるべき物」欄には、「被疑者の尿」と記載し、「捜索し又は検証すべき場所、身体若しくは物」欄には、「被疑者の身体」と記載する。

ウ　**強制採尿における有形力の行使**

☞　被疑者の身体に対する有形力の行使は、被疑者が暴れないように両手両足を複数の警察官で押さえるなどの必要最小限度のものにすべきである。

☞　採尿後において、採尿を実施した医師に対し、当該採尿が医学的に相当と認められる方法により実施されたことを明らかにした書面の作成を求めることも必要である。

想定問答　強制採尿令状が執行できなかった場合に同一の令状により別の医師が強制採尿することの可否

Q　被疑者が抵抗して強制採尿ができない状況にあったので、当該医師が採尿を断念した場合、既に発せられている強制採尿のための同一の強制採尿令状で別の病院の医師に強制採尿を行わせることはできるか。

A　捜索に着手して捜索を実施した場合、その令状の効力は消滅し、目的物が発見されないために目的を達成できなかったとしても、令状主義の精神からは同一の令状により反復して強制処分はできないのが原則である。

もっとも、捜査機関は、捜索・差押えの実施に着手した後、これを一時中止することができる（刑訴法222条１項、118条）ので、その間は、令状の効力は継続している。したがって、いまだ目的物を発見するに至らない段階では、捜索を一時中止したからといって、その捜索処分が終了したことになるわけではない。

また、強制採尿の場合の条件として挙げられている「医師をして医学的に相当と認められる方法により行わせなければならない」という条件は、鑑定人のように特定の者を想定しているわけではない。

したがって、捜査機関は、被疑者が抵抗して強制採尿処分ができないために一時中止した場合、改めて別の病院の医師により強制採尿を再開することができると解される。

POINT　令状には医師によることを条件としていた場合に、看護師が直接採尿を実施することの許否

直接採尿を実施した看護師が、病院において日常の医療業務の過程で、医師の指示に基づき多数回カテーテルによる尿採取を行っており、その技術に習熟していたことや、現場に立ち会っていない医師の指示を受けて処置室で被疑者に対しカテーテルによる採尿を実施した際に、医師は要急の事態に備え近接した場所で待機し臨機の対応をなし得る態勢にあったという事実関係においては、医師による医学的に相当と認められる方法により採尿がなされた場合に当たると解される（大阪高判平8.4.5判時1582-147）。

エ　強制採尿令状による連行

☞ 身柄を拘束されていない（在宅）被疑者について、強制採尿するために捜索差押許可状の発付を得て、その令状の効力として、採尿に適する最寄りの場所まで被疑者を強制的に連行することも許される。

☞ 強制採尿のための連行は、身体の自由を制限するものであり、強制採尿とは異なる法益の制約を伴うが、強制処分に通常予想される必要かつ相当な限度において、強制処分に付随する効力として許容されると解される。

☞ 連行は、任意同行が事実上不可能と認められる場合に限られ、その際、行使される有形力の行使の程度は、必要最小限度にとどめられるべきもので、必要性の程度を逸脱すれば違法であることはいうまでもない。

◘主要判例――採尿令状により第三者方への立入りを違法とした事例

札幌高判平29.9.7高刑速（平29）336

任意同行に応じない被疑者に対し採尿令状による連行が想定されていたとはいえ、住居を含む第三者の管理する場所に立ち入ることは、逮捕状の場合（刑訴法220条1項及び3項）と異なり、裁判官による司法審査の範囲を超え、審査に当たり想定されたものと異なる権利や利益を制約する事態を招くことになるから、原則的に許されない。

――強制採尿令状による連行を認めた事例

最決平6.9.16刑集48-6-420

身柄を拘束されていない被疑者を採尿場所へ任意に同行することが事実上不可能であると認められる場合には、強制採尿令状の効力として、令状の審査の際に、連行の当否を含めて審査したものと認められるから、採尿に適する最寄りの場所まで被疑者を連行できる。

POINT　身柄を拘束されていない被疑者を強制採尿で連行する場合の令状の記載

運用上は、司法審査を経たことを明らかにする上で、その旨の記載がなされることが望ましいので、強制採尿令状の「捜索差押に関する条件等」欄に、「強制採尿は、医師をして医学的に相当と認められる方法により行わせること」という条件に加えて、「強制採尿のため必要があるときは、被疑者を○○所在の○○病院又は採尿に適する最寄りの場所まで連行することができる」といった確認的な記載がなされている。

2　血液の採取

(1)　任意採血

☞　任意採血が、直ちに違法となるものではない。

☞　被疑者が採血を真意に基づき承諾し、例えば、主治医等に採血させてこれを任意に提出する場合など、その程度や方法が社会相当性の範囲にある限り、極めて例外的に任意捜査として許される場合もあると解される。

しかし、血液は、生命を維持する上で不可欠な身体の一部であり、その採取は身体の損傷を伴うものであり、また、被疑者のプライバシーを侵害するものでもある。原則として、採血には令状が必要である。

◆主要判例―――同意のない採血は違法とした事例

高松高判昭61.6.18刑裁月報18-5=6-709

捜査官が、医師に捜査のための血液採取を依頼し、これに応じて医師が、看護師に指示して、鎮静剤を注射されて明確な意識状態ではなかった者から同意なく約５cc の血液を採取して捜査機関に提出したのは違法である。

仙台高判昭47.1.25刑裁月報4-1-14、同旨札幌地判昭50.2.24判時786-110

【事案】　交通事故のための失神状態や、苦痛のための一種の虚脱状態にある被告人から承諾なしに採血したもの。

【判旨】　被告人の血中アルコール濃度を測定するためには、同意を得るか、そうでなければ鑑定処分許可状の発付を受けなければならず、令状なく採血することは違法である。

(2)　強制採血

☞　捜査の必要性と被疑者の身体的利益保護を考慮した上で、強制採血は許される。

☞ 被疑者が採血に同意せず、また、同意できない状況がある場合に、およそ直接強制が許されないとするのは実際的でないし、採血に代わる有効な証拠収集手段がみられず、それゆえに、いかに嫌疑が濃厚であっても、証拠が入手できないために実質的に処罰を免れてしまうのは妥当でない。

☞ 強制採血には、身体検査令状と鑑定処分許可状とが必要（併用説）である。

☞ 血液採取は、専門家によって行われる必要があるので、基本的には鑑定処分許可状によるべきである。しかし、鑑定処分許可状では相手方が血液採取を拒否した場合に直接的に採取ができない（刑訴法225条４項、168条６項）。そこで、捜査機関は、身体検査令状をも得て、身体検査を直接強制し（刑訴法222条１項、139条）、鑑定処分許可状により鑑定受託者（医師）が血液を採取する。

☞ 体外に流出や貯留している血液をガーゼ等で採取するなど、身体損傷や苦痛を伴わない方法で行われる場合には、令状がなくても行い得る。

◇主要判例――体外に流出や貯留した血液をガーゼや注射器で採取したのは適法とした事例

福岡高判昭50.3.11刑裁月報7-3-143

交通事故による負傷で失神し手術中の者につき、酒気帯び運転の嫌疑があるので、その血中アルコール濃度を測定するため、手術担当医の承諾の下に、ガーゼから少量の血液を無令状で採取したのは適法である。

松山地大洲支判昭59.6.28判時1145-148

事故直後の重傷を負った被疑者の身体から流出して左膝関節部に貯留していた血液を、医師が針のない注射器で採取して警察官に提出したのは適法である。

☞ 採血を医師が行い、鑑定は科捜研職員が行う場合には、採血者である医師と鑑定者である科捜研職員を鑑定人として併記して、鑑定処分許可状を請求するべきである。

3 呼気検査

☞ 酒気帯び運転の検査に際して、被疑者の同意があれば、任意処分として呼気検査を行い得る。

☞ 呼気検査を拒んだ場合には、呼気検査拒否として現行犯逮捕する（道交法118条の２）。

なお、緊急逮捕はできない。この場合、強制採血をするには、鑑定処分許可状と身体検査令状が必要である（➡「(2)　強制採血」174頁参照）。

☞　交通事故により負傷した意識不明者から令状なく呼気を採取することは、被疑者の同意のない呼気検査である。

裁判例では、緊急性が高く、他にとり得る手段がなく、吐き出す息を特に強制力を用いずに採取した事案について、任意捜査として許容されるとするものが多い。

◘主要判例――任意捜査としての呼気検査が適法とされた事例

福岡高判昭56.12.16判時1052-159

意識不明の被疑者から令状なしに行った呼気採取について、泥酔者用の風船の吹き口の１辺を破ったものを、ベッドに寝ている被疑者の口の上に持っていき、自然に吐き出す息をこれに集めたもので、特に被疑者がこれを拒否したり、あるいは強制力を用いたりしたわけではないと認められるから、令状によらなくても違法であるとまではいえない。

浦和地越谷支判昭56.11.6判時1052-161、同旨福井地判昭56.6.10刑裁月報13-6=7-461

交通事故により負傷して意識不明の状態にある被疑者の口元から、飲酒検知管等を通して呼気を吸入採取したのは、被採取者の同意がなくとも任意捜査として許される。

4　その他の体液等の採取

(1)　指紋等の採取

☞　任意同行した被疑者の指紋を強制的に採取するには、身体検査令状が必要である。

☞　逮捕に伴う身体検査（刑訴法220条１項）又は身体拘束を受けた被疑者の身体検査（同法218条３項）として令状を必要とせず行うことができる。

☞　必要最小限の有形力行使が許される（東京地決昭59.6.22刑裁月報16-5=6-504）。

(2)　唾液・口腔粘膜の採取

☞　鑑定処分許可状と身体検査令状により行う。

☞　身体拘束を受けた被疑者の身体検査（刑訴法218条３項）として行うのは相当でない。

第20章　任意捜査(1)
～照会・領置・写真撮影～

■刑訴法

〔捜査に必要な取調べ〕

第197条　捜査については、その目的を達するため必要な取調をすることができる。〔以下略〕

②　捜査については、公務所又は公私の団体に照会して必要な事項の報告を求めることができる。

③～⑤　〔略〕

〔領置〕

第221条　検察官、検察事務官又は司法警察職員は、被疑者その他の者が遺留した物又は所有者、所持者若しくは保管者が任意に提出した物は、これを領置することができる。

cf. 犯捜規109条〔任意提出物の領置〕、110条〔遺留物の領置〕

1　任意捜査について

定義　捜査とは、一般に、捜査機関（検察官、検察事務官又は司法警察職員）が、犯罪があると思料するとき、公訴の提起及び維持のため、犯人を発見・確保し、証拠を収集・保全する手続をいう（刑訴法189条２項）。

☞　捜査は、任意捜査が原則である（刑訴法197条１項本文）。

定義　任意捜査は、強制手段を伴わない捜査をいう。

定義　任意捜査については、方法に特に限定はないが、社会通念に照らして相当といえる範囲で許される。

☞　任意捜査も個人の権利・利益の侵害を伴うものであることから、全く無制限に許されるわけではない。

☞　任意捜査が許容されるためには、捜査比例の原則から、目的の正当性、手段の必要性及び相当性の要件を満たす必要がある。

POINT　任意捜査と強制捜査の区別

捜査は、どのような処分であれ、程度の相違はあるにせよ、被処分者の権利・利益を制約することは否めない。したがって、任意処分と強制処分の区別は、被処分者の権利・利益の内容と制約の程度を実質的に考慮して、被処分者にとって保障される重要な権利・利益の重大な制約を伴う処分か否かによって判断される。

強制処分は、物理的な有形力の行使の有無によって決まるものではなく、個人の意思の制圧と重要な権利・利益の制約を要素として判断される。そして、強制処分に至らない任意処分であっても、当然に適法とされるわけではなく、いわゆる「比例原則」から、具体的事案において、捜査の必要性と被処分者に生じる法益侵害の内容・程度を考慮して適否を判断することとなる（最決昭51.3.16刑集30-2-187）。

【任意処分と強制処分】

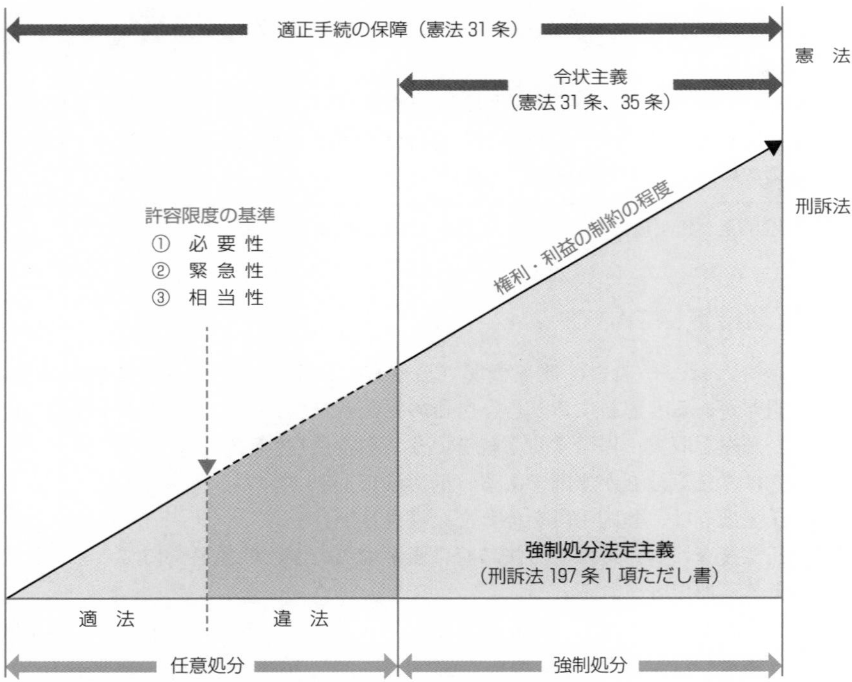

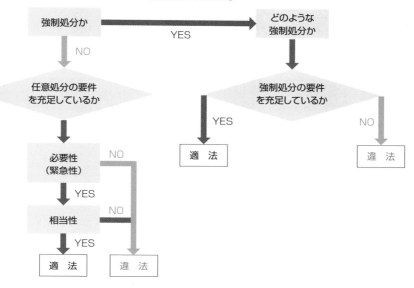

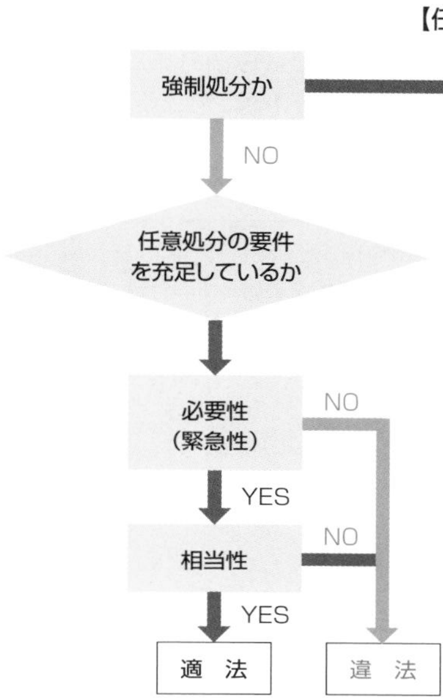

2　公務所等への照会

(1)　照会の意義と照会事項

根拠　公務所等への照会（刑訴法197条２項）は、公務所や公私の団体は、一定の社会的機能をもつことから、これらについて照会に対する報告義務を課したものである。

定義　「公務所」には、国家機関又は公共団体（地方公共団体、公共組合及び営造物法人）により設けられた公務員が職務を行う機関をいう。

定義　「公私の団体」には、広く公私の団体が含まれ、法人格の有無を問わないが、個人や個人と同一視されるような団体は除かれる。

☞　公務所又は公私の団体への照会は、「捜査関係事項照会書」という書面で行い、相手方からの照会に対する回答を書面で受領する。

照会すべき事項に制限はない。

☞　本籍地の市町村長に対する身上照会、銀行・会社等に対する取引状態の照会等が典型的である。

☞　照会事項の範囲については、原則として、現に存在する記録に基づく事実関係の報告を求めるものであり、照会を受けた側が新たに調査を行うような事項や、専門的な知識に基づき新たな判断を必要とするような事項は含まれない。

☞ 郵便物や電話の発・受信に関する照会は、通信の秘密（憲法21条２項）に抵触すると考えられるので、差押えの手続（刑訴法218条１項、222条１項、100条）によることになる。

POINT　公務所等への照会が相手から拒否された場合

回答を拒否された場合には、捜査機関としては、公務所の代表者や担当者に出頭を求めて取り調べるか、令状を請求して必要書類等を差し押さえることになる。

根拠　公務所等への照会は、相手方の承諾を前提とするものではなく、報告義務を負うが義務の履行については、強制を認めるものではないことから、任意処分であることによる。

(2)　照会に伴う情報の第三者提供

☞ 公務所や公私の団体が照会に応じて公務上の秘密、業務上の秘密に当たる事項を捜査機関に報告したとしても、国家・地方公務員法違反（守秘義務違反）や秘密漏示罪（刑法134条）は成立しない。

POINT　個人情報保護と犯罪捜査

個人情報保護法は、第三者提供について本人同意を原則としつつ、「法令に基づく場合」を例外としている（個人情報保護法23条１項１号）。

「法令に基づく場合」とは、法令上、第三者提供が義務付けられている場合だけでなく、第三者提供の根拠が規定されている場合が含まれる。したがって、刑訴法197条２項に基づく照会への回答もこれに含まれる。

また、多くの個人情報保護条例においても、「法令等の規定に基づく場合」に外部提供を認めており、その解釈として、刑訴法197条２項に基づく照会への回答もこれに該当するものと解される。

3　領　置

定義　領置とは、捜査機関が領置できる物の占有を取得する処分である。

定義　捜査機関が領置できる物は、①被疑者その他の者が遺留した物、②所有者、所持者若しくは保管者が任意に提出した物である。

☞ 所有者とは、当該物件について所有権が認められる者をいい、所持者とは、自己のために当該物件を占有する者、保管者とは、他人のために当該物件を占有する者をいう。

☞ 任意提出者の領置の対象物は、証拠物又は没収すべき物に限られない。

☞ 領置は、対象物と被疑事件との関連性が明らかでない場合でも、捜査の端緒として占有を取得するために認められる（東京地判平4.7.9判時1464-160）。

POINT 領置と差押えの相違点

領置は、押収の一種であり、差押えと異なるのは、占有の取得が強制的になされないことである。

また、領置は、占有の取得の過程では強制を要素としないが、適法に占有を取得すれば、任意に提出した者が返還を求めてきても、捜査上の必要があれば、これを拒否することができる。

(1) 遺留物の領置（犯捜規110条）

定義 遺留物とは、占有者の意思に基づかないでその所持を離れた物だけでなく、占有者が自己の意思によって占有を放棄した物（置き去りにした物）も含まれるので、遺失物よりも広い概念である。

☞ 捜査官の尾行や追跡に気付いて被疑者が投棄した物も、遺留の場所が被疑者の排他的支配の及ぶ範囲ではなく、第三者が拾得できるような場所であれば、「遺留した物」に当たる。

☞ 領置については、実況見分調書その他によりその物の発見された状況等を明確にした上、領置調書を作成しておかなければならない（犯捜規110条２項）。

◇主要判例――共同所持者による所持と遺留物

名古屋高金沢支判昭42.5.23下刑集9-5-601

【事案】 デモに参加した労組員の共同所持と認められるビラの入ったダンボール箱を証拠品として領置したもの。

【判旨】 労組員が提出を明示的に拒否しているのに遺留物として領置したのは領置権限のない物件を領置したもので違法がある。

想定問答　ごみを遺留物として収集することの可否

Q 被疑者や事件関係者が捨てたごみを、遺留物として捜査機関が収集することは適法か。

A　ごみが「被疑者その他の者が遺留した物」に該当するかは、所有又は管理権限を放棄したといえるかによる。ごみ袋等に入れられていて、いずれは処分することが明白であっても、被疑者等の自宅内に置かれているときは、いまだ被疑者等が所有又は管理を放棄したとはいえない。したがって、令状により差し押さえるか、被疑者等から任意提出を受けることになる。

マンション等の共用部分の廊下や自宅前路上に置かれていて、なお被疑者等の所有又は管理が及んでいると解されるときも同様である。公道上のごみ集積所に出された物については、被疑者等が所有又は管理権限を放棄したと認められる限り、遺留したものと考えることができる。

しかし、最近、自治体によっては、ごみ集積所の管理権が自治体にあると解釈しているところもあり、そのようなところでは、自治体職員の立会いを得て実況見分し、職員から任意提出を受けるのが適当な場合もある。

◆主要判例――領置が適法とした事例

最決平20.4.15刑集62-5-1398

【事案】　捜査官が、被告人及びその妻が自宅付近の公道上にあるごみ集積所に出したごみ袋を回収し、そのごみ袋の中身を警察署内において確認し、防犯ビデオに写っていた人物が着用していたものと類似するダウンベスト、腕時計等を発見し、これらを領置したというもの。

【判旨】　被告人及びその妻は、ダウンベスト等を入れたごみ袋を不要物として公道上のごみ集積所に排出し、その占有を放棄していたものであって、排出されたごみについては、通常、そのまま収集されて他人にその内容が見られることはないという期待があるとしても、捜査の必要がある場合には、これを遺留物として領置することができる。

(2)　任意提出物の領置

☞　所有者、所持者若しくは保管者が任意に提出した物は、これを領置することができる（刑訴法221条、犯捜規109条）。

☞　この場合における任意提出権者は、所有者・所持者・保管者である。

☞　所有者、所持者若しくは保管者が任意に提出した物について、所持者ないし保管者は、必ずしも法律上正当な原因に基づかないで所持ないし保管している場合であってもよい（東京高判昭28.11.25判特39-202）。

☞　任意提出者の占有が適法であれば、提出者の処分権限の有無は問わない（東京地判平4.7.9判時1464-160）。

◇主要判例――――任意提出した物の領置を適法とした事例

東京高判昭46.3.8高刑集24-1-183

被疑者が酒酔い運転の現行犯人として逮捕・引致された後、警察官が逮捕の現場で差し押さえ、警察署まで運転してきた自動車内の助手席ポケットの上にあいくちを発見し、その所有者を確かめるため、既に署内で取調べを受けている被疑者のところまで携行し、その同意の下に領置の手続をしたときは、所有者等が任意に提出した物としてこれを領置することができる。

東京高判平9.10.15東高刑時報48-1=12-67

意識朦朧(もうろう)とした者を治療する目的で採取された尿の残りにつき、警察官が覚醒剤使用の嫌疑を担当医師に告げ、保管者である医師から任意提出を受けて領置したことに違法はない。

☞　アパートの管理人やロッカー管理者、隣人、地方公共団体の職員については、包括的な占有や管理権があるとはいえないので、一般には任意提出権者ではない。

◇主要判例――――内縁の妻を保管者に当たるとした事例

東京高判昭50.2.20東高刑時報26-2-34

被疑者と同居し、生計をともにしている内縁の妻は、被疑者の不在中はその居宅内にある物の保管を任されていたものと推認でき、刑訴法221条に定める「保管者」に当たる。

☞　捜査機関は、領置に当たって領置調書を作成し（犯捜規109条、110条）、任意提出を受けて領置を行ったときは押収品目録を交付する。

☞　なお、捜査機関が押収した物を検察官が証拠として裁判所に提出した場合、裁判所がその占有を取得するには、改めて領置の手続をとることが必要である。

☞　領置後、捜査の結果、証拠物又は没収すべき物でないか、あるいは領置の必要がなくなった場合は、還付（刑訴法123条）すれば足りる（➡第15章「⑷押収物の還付・仮還付」140頁参照）。

☞　任意の提出に係る物を領置した場合において、その所有者がその物の所有権を放棄する旨の意思を表示したときは、任意提出書にその旨を記載させ、又は所有権放棄書の提出を求めなければならない（犯捜規109条２項）。

4　捜査機関による写真撮影・ビデオ撮影

(1)　犯罪捜査目的の写真撮影・ビデオ撮影

犯罪捜査目的の写真撮影には、

①　現に犯罪が行われ又は行い終わって間もない状況の撮影

②　犯罪がまさに行われようとしている状況の撮影

③　犯罪の発生が予測される場合に犯罪発生が予想される場所の撮影

④　既に行われた犯罪の犯人特定のために行う被疑者等の容貌の撮影

などがある。

☞　相手方の承諾のないまま、又は気付かないうちに捜査機関が写真撮影やビデオ撮影をすることは、個人のプライバシーの保護と捜査の必要性及び撮影の相当性との観点から問題となる。

☞　犯罪捜査目的で行われる承諾のない容貌等の写真撮影・ビデオ撮影であっても、街頭で公然と行動している者や多数人が出入りする場所で撮影することは認められる。

◆主要判例――現に犯罪が行われ又は行い終わって間もない状況の撮影を適法とした事例

最大判昭44.12.24刑集23-12-1625

【事案】　警察官がデモの許可条件違反の状況を現場で写真撮影したもの。

【判旨】　人は、みだりにその容貌・姿態を撮影されないという自由ないし利益（肖像権）がある（憲法13条）ことから、現に犯罪が行われ若しくは行われたのち間がないと認められる場合であって、しかも証拠保全の必要性及び緊急性があり、かつ、その撮影が一般的に許容される限度を超えない相当な方法をもって行われるときには許容される。

※　この判例は、デモの際の許可条件違反の写真撮影の事案であり、証拠保全のためには現場での撮影が不可欠といえることから、「緊急性」が要件とされているものである。

――公道上及びパチンコ店内にいる被告人の容貌、体型等のビデオ撮影を適法とした事例

最決平20.4.15刑集62-5-1398

【事案】　捜査機関において被告人が犯人である疑いをもつ合理的な理由が存在していたものと認められ、かつ、それぞれのビデオ撮影は、強盗殺人等事件の捜査に関し、防犯ビデオに写っていた人物の容貌、体型等と被告人の容貌、体型等との同一性の有無という犯人特定のための重要な判断に必要な証拠資料を入手するため、これに必要な限度において、公道上を歩いている被告人の容貌等を撮影し、あるいは不特定多数の客が集まるパチンコ店内において被告人の容貌等を撮影したもの。

【判旨】　いずれも、通常、人が他人から容貌等を観察されること自体は受忍せざるを得ない場所におけるものであることから、これらのビデオ撮影は、捜査目的を達成するため、必要な範囲において、かつ、相当な方法をもって行われたものといえ、捜査活動として適法である。

POINT　**犯罪捜査目的の写真撮影・ビデオ撮影の適法性の要件**

犯罪捜査目的での写真撮影・ビデオ撮影については、①写真撮影の必要性、②撮影方法が相当であることが要件である。

◆主要判例――犯人特定のための写真撮影を適法とした事例

東京地判平元.3.15判時1310-158、同旨京都地決平2.10.3判時1375-143

【事案】　殺人及び凶器準備集合傷害事件の犯人特定のために被告人の容貌等を写真撮影したもの。

【判旨】　撮影方法について、被告人の居室から出てくる者のみを撮影の対象としており、それ以外の一般の歩行者ができるだけ写真に入らないよう配慮もなされていた上、被撮影者が公道上をその容貌・姿態を人目にさらしながら歩行しているところを少し離れた建物の一室から撮影しており、その身体に対して何らの強制力も加えていないのであって、撮影方法も相当なものと認められる。

東京地判平17.6.2判時1930-174

【事案】　被告人方付近の駐車場に駐車中の自動車に火を放ってこれを損壊したというもの。

【判旨】　被告人が罪を犯したと考えられる合理的な理由の存在があれば、捜査機関が被告人方玄関ドア付近を被告人の承諾を得ずにビデオカメラで撮影しても適法である。

大阪高判平30.9.25判時2406-72

周囲の建物から見ることができる被疑者の居住する部屋の玄関ドア及びその付近の共用廊下にいる被疑者を撮影することは適法である。

⑵　自動速度取締装置による写真撮影

オービスⅢやRVSと称される自動速度取締装置は、走行中の車両の速度を測定し、あらかじめ設定された速度を超えている車両を感知した場合には、当該速度違反車両のナンバープレート、その車両の運転者の容貌のほか、撮影の日時、場所、同装置が計測した速度を示す数字、違反車線、制限速度及び撮影フィルム番号などをその写真に写し込み、証拠として保存するものである。

☞ 自動速度取締装置による写真撮影とは、現に速度違反を犯している者についての写真撮影である。

☞ 機械が正確に作動していれば、速度違反が客観的に明らかであり、人が現認する場合と比べて異なるわけではない。また、速度違反の主体を撮影する必要があり、直ちに撮影しなければならない緊急性もある上、交通違反一般について撮影するわけではなく、撮影場所や速度についても、実質的に危険なものに限られていることから、許容されると考える。

◇主要判例――自動速度取締装置による運転者の容貌の写真撮影を適法とした事例

最判昭61.2.14刑集40-1-48

自動速度取締装置による運転者の容貌の写真撮影は、現に犯罪が行われている場合になされ、犯罪の性質、態様からいって緊急に証拠保全をする必要性があり、その方法も一般的に許容される限度を超えない相当なものであるから、憲法13条に違反せず、また、写真撮影の際、運転者の近くにいるため除外できない状況にある同乗者の容貌を撮影することになっても、憲法13条、21条に違反しない。

東京高判平5.9.24判時1500-192

取締り実施路線であることの予告掲示は、運転者らに警告を与えることによって、速度違反の行為に出ないという自己抑制の効果が生じることを主たる目的としたもので、刑事手続上は事前の告知は必要ない。

(3) 犯罪発生前のビデオカメラによる継続的・自動的録画

☞ いまだ犯罪が発生していなくても、犯罪発生の蓋然性が極めて高く、ビデオによる証拠保全が必要である場合、継続的・自動的録画は適法である。

☞ 継続的・自動的録画目的の正当性、撮影の必要性・緊急性・相当性という要件を具備することが要件である。

◇主要判例――ビデオ撮影を適法とした事例

東京高判昭63.4.1東高刑時報39-1=4-8

【事案】 いわゆる山谷地区で、争議団と暴力団の衝突事件が多発し、その予防・鎮圧及び捜査のために派出所前路上にビデオカメラを設置し、争議団のデモの状況を撮影していたところ、被告人による警察車両の損壊状況が撮影されていたもの。

【判旨】 ①当該現場において犯罪が発生する相当高度の蓋然性が認められる場合であり、②あらかじめ証拠保全の手段、方法をとっておく必要性及び緊急性があり、かつ、③その撮影・録画が社会通念に照らして相当と認められる方法をもって行われるときには、現に犯罪が行われる時点以前から犯罪の発生が予測される場所を継続的・自動的に撮影・録画することも許される。

(4) 防犯カメラによる撮影

☞ 防犯カメラは、直接的には人による監視体制を補充することを目的とするが、間接的にはその撮影した写真やビデオが犯罪捜査のために利用されることがある。

◆主要判例———防犯カメラによる撮影を相当とした事例

名古屋地判平16.7.16判時1874-107

コンビニの防犯ビデオカメラの撮影方法及び録画したビデオテープの管理を相当としたが、ビデオテープには来店客が順次撮影されていることに照らすと、コンビニにおいて発生する可能性のある犯罪及び事故に対処する目的を逸脱して利用することは許されないものと解され、警察から協力を求められた場合であっても、上記の目的を著しく逸脱するものであるときには違法と評価されることがある。

Column

秘密録音

公開の場所や戸外から聴取できる会話を聴取したり、録音したりすることは、被聴取者がプライバシーを放棄したといえるので、違法ではない。

しかし、捜査機関が、会話当事者に知られることなく、会話の内容を聴取・録音するということは、個人のプライバシーを侵害するものであり、一般的には許されない。

もっとも、会話の一方当事者が他方当事者の知らないうちに録音することは違法ではない（最決昭56.11.20刑集35-8-797）。

詐欺の被害を受けたと考えた者が、相手方の説明内容に不審を抱き、後日の証拠とするため、相手方との会話を録音することは、たとえそれが相手方の同意を得ないで行われたものであっても、違法ではない（最決平12.7.12刑集54-6-513）。

なお、脅迫電話や金品要求電話等の場合は、保護されるべき会話のプライバシーとはいえないので、逆探知と録音は適法である。

Column

コントロールド・デリバリー

コントロールド・デリバリーとは、取締り当局がその事情を知りながら直ちに検挙することなく、十分な監視の下に禁制品の運搬を許容し追跡して、その不正取引に関与する人物を特定するための捜査方法をいう。コントロールド・デリバリーが実施された場合、配送業者が捜査機関から大麻の存在を知らされ、その監視下において貨物を保税地域から本邦に引き取ったときであっても、その貨物を発送した者らにつき関税法上の禁制品輸入罪の既遂が成立するとして、コントロールド・デリバリーによる捜査を適法としている（最決平9.10.30刑集51-9-816)。

被告人が、複数の共犯者と共謀し、営利目的で、タイ発羽田空港着の航空機により、覚醒剤約11キログラムを輸入した事案で、ライブ・コントロールド・デリバリーの方法による捜査を適法とした（東京高判平29.9.21高刑速（平29）171)。

5　おとり捜査

捜査機関又はその依頼を受けた捜査協力者が、その身分や意図を相手方に秘して犯罪を実行するように働き掛け、相手方がこれに応じて犯罪の実行に出たところで現行犯逮捕等により検挙する捜査方法をいう。

おとり捜査は、当初から犯罪を行う意図を有していた者に対して機会を提供したにすぎない場合（機会提供型）と、おとり捜査によって犯人に新たに犯意を惹き起こさせた場合（犯意誘発型）とがある。

◘主要判例――適法なおとり捜査

最決平16.7.12刑集58-5-333

大麻の有償譲渡を企図していると疑われる者を対象とするおとり捜査で、機会があれば犯罪を行う意思があると疑われる者を対象に行うことは適法である。

POINT　なりすまし捜査による現行犯人逮捕

なりすまし捜査とは、捜査機関又はその依頼を受けた捜査協力者が、捜査対象者が自己等に対する犯罪を実行しやすい状況を秘密裡に作出した上で、同対象者がこれに対して犯罪の実行に出たところで現行犯逮捕等により検挙する捜査をいう。

なりすまし捜査は、任意捜査の一類型であって、その手法が許されるかは、おとり捜査における「機会があれば犯罪を行う意思があると疑われる者」を対象とすること、通常の捜査方法のみでは当該犯罪の摘発が困難であることなども含み、その捜査の必要性、その態様、相当性等を総合的に判断する。

◇主要判例——なりすまし捜査による現行犯逮捕を違法とした事例

鹿児島地加治木支判平29.3.24判時2343-107

【事案】 窃盗（車上狙い）事件で、警察官らが被告人を現行犯逮捕する目的の下、無人・無施錠で駐車した軽トラックの助手席に発泡酒やパンを放置した上、同人が車上狙いの犯行に出るのを待ち受ける「なりすまし捜査」を行ったもの。

【判旨】 この捜査により車上狙いの実行が促進された面が多分にあること、被害者の申告等による捜査が可能であり、被告人の行動追跡も比較的容易で捜査官による犯行現認も可能であったこと、被害金額も少なく、犯行頻度も多くないことなどから、その必要性はほとんどなかったと判断し、国家が犯罪を誘発し、捜査の公正を害するものとして違法であるとした。

第21章　任意捜査(2)
～被疑者・参考人の取調べ～

■刑訴法

〔被疑者の出頭要求・取調べ〕

第198条　検察官、検察事務官又は司法警察職員は、犯罪の捜査をするについて必要があるときは、被疑者の出頭を求め、これを取り調べることができる。但し、被疑者は、逮捕又は勾留されている場合を除いては、出頭を拒み、又は出頭後、何時でも退去することができる。

②　前項の取調に際しては、被疑者に対し、あらかじめ、自己の意思に反して供述をする必要がない旨を告げなければならない。

③　被疑者の供述は、これを調書に録取することができる。

④　前項の調書は、これを被疑者に閲覧させ、又は読み聞かせて、誤がないかどうかを問い、被疑者が増減変更の申立をしたときは、その供述を調書に記載しなければならない。

⑤　被疑者が、調書に誤のないことを申し立てたときは、これに署名押印することを求めることができる。但し、これを拒絶した場合は、この限りでない。

cf. 犯捜規166条〔取調べの心構え〕、167条〔取調べにおける留意事項〕、168条〔任意性の確保〕、168条の２〔精神又は身体に障害のある者の取調べにおける留意事項〕、169条〔自己の意思に反して供述をする必要がない旨の告知〕、177条〔供述調書〕、180条〔補助者及び立会人の署名押印〕、181条〔署名押印不能の場合の処置〕、182条〔通訳及び翻訳の場合の処置〕、233条〔通訳の嘱託〕

1　被疑者の取調べ

定義　被疑者の取調べは、捜査機関が、犯罪事実を明確にするために、被疑者から弁解・主張を含む供述を聴取して、犯罪の嫌疑の有無及び情状を明らかにすることである。

定義　被疑者は、特定の犯罪事実について犯人としての嫌疑を受けて捜査の対象となっている者をいう。

☞ 被疑者の取調べによって得られた自白は、任意性を要件として公判で証拠とすることができる（刑訴法319条１項）。

☞ 外国人被疑者の取調べの場合、原則として、通訳人を介して行う（刑訴法223条１項、犯捜規233条１項）。

⑴ 法的根拠

☞ 司法警察職員は、犯罪の捜査をするについて必要があるときは、被疑者の出頭を求め、これを取り調べることができる（刑訴法198条１項本文）。

☞ 被疑者の取調べは、逮捕・勾留されている場合であっても、供述を義務付けるものではないので、任意捜査である。

☞ 被疑者は、逮捕又は勾留されている場合を除いては、出頭を拒み、又は出頭後、何時でも退去することができる（刑訴法198条１項但書）。

したがって、逮捕・勾留されている被疑者は、出頭を拒むことはできず、また、出頭後、取調べ室から退去することはできない（取調べ受忍義務）（最大判平11.3.24民集53-3-514）。

◇主要判例――捜査官による取調べにおける被疑者の受忍義務

最大判平11.3.24民集53-3-514

【事案】 恐喝未遂事件で勾留中の被疑者に接見しようとした弁護士が、留置担当の警察官及び検察官に指定書の受領、持参を要求されるなどして、前後９回にわたり接見を妨害されたとして、国家賠償を求めたものである。

【判旨】 捜査権を行使するためには、身体を拘束して被疑者を取り調べる必要が生ずることもあるが、憲法はこのような取調べを否定するものではない。

逮捕、勾留中の被疑者には捜査機関による取調べを受忍する義務はなく、刑訴法198条１項ただし書の規定は違憲であって、被疑者が望むならいつでも取調べを中断しなければならないとの弁護人の主張に対して、身体の拘束を受けている被疑者に取調べのために出頭し、滞留する義務があると解することが、直ちに被疑者からその意思に反して供述することを拒否する自由を奪うことを意味するものでないことは明らかであるから、この所論は採用することができない。

POINT　任意同行と取調べ受忍義務（➡第３章任意同行19頁以下参照）

逮捕・勾留されている被疑者には、取調べ受忍義務があるが、いまだ逮捕されていない被疑者については、任意同行に際して出頭を拒む者を無理に連行したり、取調べに当たり、帰宅を申し出た者を帰宅させなかったりしたときは、それが説得の範囲を超えていると評価される場合には、実質的逮捕に当たるとして違法とされる。

なお、出頭の求めには応じたが、取調べには応じないで退去した在宅被疑者に対して、供述しないことのみを理由として逮捕状を請求することはできない。

想定問答　裁判員裁判を踏まえた取調べ上の留意点

Q 裁判員裁判対象事件での被疑者取調べに当たっては、どのような点に留意すべきか。

A 被疑者取調べに当たっては、任意性を確保するとともに（犯捜規168条）、

① 秘密の暴露が含まれているか
② 証拠物等の他の証拠と符合するか
③ 裏付けは取れているか
④ 供述内容に不自然さはないか
⑤ 自白する経過に問題はないか

などの観点から、信用性を慎重に吟味することが必要である。

裁判員は、供述調書は供述者から捜査機関が聞いた内容をそのまま記録したものと考える傾向がある。したがって、あまりに整理されすぎた供述調書は、裁判員に疑問視されることもある。

(2) 供述拒否権の告知

☞ 被疑者の取調べに際しては、被疑者に対し、あらかじめ、自己の意思に反して供述をする必要がない旨を告げなければならない（刑訴法198条２項、犯捜規169条１項）。

根拠 憲法38条１項の「何人も、自己に不利益な供述を強要されない。」という供述の自由を保障する趣旨を実質的に担保するためのものである。

具体的には、「取調べで答えるか答えないかは自由である」、「質問に対して無理に答える必要はない」、「答えないからといってそれだけで処罰されるわけではない」などを説明する。

☞ 被告人の氏名等の被疑者を特定する事項は、原則として、憲法38条１項の不利益な事項ということはできず、それにつき黙秘する権利があるとはいえない（最大判昭32.2.20刑集11-2-802）。

◇主要判例――供述拒否権を告げずに供述調書を作成するのを違法とした事例

東京高判平22.11.1判タ1367-251

放火事件について立件を視野に入れて捜査対象としていた被疑者に対して捜査機関が黙秘権を告げず、参考人として事情聴取し、被疑者に不利益な事実の承認を録取した書面を作成したのは、黙秘権を実質的に侵害して作成した違法がある。

POINT　告知の時期

供述拒否権の告知は、取調べごとにその冒頭で告知すべきである。

取調べが相当期間中断した後再びこれを開始する場合又は取調べ警察官が交代した場合には、改めて行わなければならない（犯捜規169条２項）。

同一事実につき、時間的に接着して同一捜査機関による取調べが連続的に行われ、しかも、前の告知の効果がなお残存していると認められるような場合には、第２回以降の取調べにおいては告知しなくとも違法ではないと解される。

☞　供述拒否権の告知は、単に形式的に告知するだけでは足りず、取調べの前に、被疑者にその内容を実質的に理解させるような方法で行わなければならない。

☞　供述拒否権は、①自首調書、②弁解録取、③職務質問の場合には告知の必要はない。もっとも、初期供述の重要性を考えると、弁解録取の機会においても供述拒否権を告知するべきである。

(3)　供述録取書の作成

☞　被疑者の供述は、これを調書に録取することができる（刑訴法198条３項）。

もっとも、取調べを行ったときは、特に必要がないと認められる場合を除き、被疑者供述調書又は参考人供述調書を作成しなければならない（犯捜規177条１項）。

☞　供述の全部ではなく一部を録取し、又は要約したものを録取することもできるが、供述の趣旨に変更を生じさせるような録取は許されない。

☞　数日にわたる供述を一通の調書に録取することも違法ではない。

POINT　被疑者供述調書の記載事項（犯捜規178条１項）

❶　本籍、住居、職業、氏名、生年月日、年齢及び出生地（被疑者が法人であるときは名称又は商号、主たる事務所又は本店の所在地並びに代表者の氏名及び住居、被疑者が法人でない団体であるときは名称、主たる事務所の所在地並びに代表者、管理人又は主幹者の氏名及び住居）

❷　旧氏名、変名、偽名、通称及びあだ名

❸　位記、勲章、褒賞、記章、恩給又は年金の有無（もしあるときは、その種類及び等級）

❹　前科の有無（もしあるときは、その罪名、刑名、刑期、罰金又は科料の金額、刑の執行猶予の言渡し及び保護観察に付されたことの有無、犯罪事実の概要並びに裁判をした裁判所の名称及びその年月日）

❺　刑の執行停止、仮釈放、仮出所、恩赦による刑の減免又は刑の消滅の有無

❻　起訴猶予又は微罪処分の有無（もしあるときは、犯罪事実の概要、処分をした庁

名及び処分年月日）

❼ 保護処分を受けたことの有無（もしあるときは、その処分の内容、処分をした庁名及び処分年月日）

❽ 現に他の警察署その他の捜査機関において捜査中の事件の有無（もしあるときは、その罪名、犯罪事実の概要及び当該捜査機関の名称）

❾ 現に裁判所に係属中の事件の有無（もしあるときは、その罪名、犯罪事実の概要、起訴の年月日及び当該裁判所の名称）

❿ 学歴、経歴、資産、家族、生活状態及び交友関係

⓫ 被疑者との親族又は同居関係の有無（もし親族関係のあるときは、その続柄）

⓬ 犯罪の年月日時、場所、方法、動機又は原因並びに犯行の状況、被害の状況及び犯罪後の行動

⓭ 盗品等に関する罪の被疑者については、本犯と親族又は同居の関係の有無（もし親族関係があるときは、その続柄）

⓮ 犯行後、国外にいた場合には、その始期及び終期

⓯ 未成年者、成年被後見人又は被保佐人であるときは、その法定代理人又は保佐人の有無（もしあるときは、その氏名及び住居）

☞ 供述調書は、作成後これを被疑者に閲覧させ、又は読み聞かせて、誤りがないかどうかを問い（刑訴法198条４項、犯捜規179条２項）、被疑者が誤りのないことを申し立てたときは、署名押印を求めることができる（刑訴法198条５項本文）。

☞ 被疑者が供述調書の各ページの記載内容を確認したときは、それを証明するために調書の各ページの欄外に署名又は押印を求める（犯捜規179条３項）。

POINT パソコンを使用して供述調書を作成する場合の留意点

パソコンにより作成された供述調書ファイルは、内容をパソコンで容易に修正でき、その修正の経緯が可視的には記録されない。したがって、

❶ 供述者が内容の訂正を申し出た場合は、手書きで所要の加除修正を行う。

❷ 供述調書の奥書は、手書きで行う。

❸ 作成者及び供述者の署名は、自署させる。

ことが重要である。

なお、様式が定められている捜査書類をパソコンで作成するときには、記載要件等を見落とさないように留意しておかなければならない。

(4) 取調べ状況報告書等

被疑者又は被告人を取調べ室又はこれに準ずる場所において取り調べたときは、当該取調べを行った日ごとに、速やかに取調べ状況報告書（犯捜規別記様式

第16号）を作成しなければならない（犯捜規182条の２第１項）。

根拠 公判段階で、被疑者取調べにおける供述の任意性・信用性が争点となった場合に、その取調べ過程や状況に関する客観的かつ外形的な証拠資料を提供することで、充実した公判審理に資するために、司法制度改革において導入された（刑訴規則198条の４参照）。

POINT 取調べ状況報告書作成の留意点

身体拘束の有無にかかわらず被疑者として取調べを行ったときには、その都度、必要事項を取調べ状況報告書に記載する。

取調べ状況報告書は、誤りを発見しても修正しないこと（任意性が疑われる。）。

新たに捜査報告書を作成して、その変更内容を明らかにしておく。

取調べ状況報告書は、刑訴法321条１項３号により証拠能力が認められる。

☞ 逮捕又は勾留の理由となっていない犯罪に係る被疑者供述調書を作成したときは、取調べ状況報告書に加え、当該取調べを行った日ごとに、速やかに余罪関係報告書（犯捜規別記様式第17号）を作成しなければならない（犯捜規182条の２第２項）。

☞ 取調べ状況報告書及び余罪関係報告書を作成した場合において、被疑者又は被告人がその記載内容を確認したときは、それを証するため、当該取調べ状況報告書及び余罪関係報告書の確認欄に署名押印を求めるものとする（同３項）。

(5) 取調べ全過程の録音・録画制度

☞ 取調べ対象事件について**逮捕又は勾留されている被疑者の取調べ**を行うに当たっては録音・録画しなければならない（刑訴法301条の２第４項、犯捜規182条の３第１項）。

定義 取調べ対象事件とは、

① 死刑又は無期の懲役若しくは禁錮に当たる罪に係る事件（刑訴法301条の２第１項１号）

② 短期１年以上の有期の懲役又は禁錮に当たる罪であって故意の犯罪行為により被害者を死亡させたものに係る事件（同項２号）

である。

☞ 取調べ対象事件か否かは、逮捕・勾留の罪名ではなく、取調べ対象事項に及ぶ見込みがあるかで判断する（刑訴法301条の２第１項及び第４項）。

☞ 精神に障害を有する被疑者については、必要に応じ、録音・録画するように努力義務が課されている（犯捜規182条の３第２項）。また、テロ等準備罪（組織的な犯罪の処罰及び犯罪収益の規制等に関する法律６条の２第１項、２項）

【取調べ対象事件】

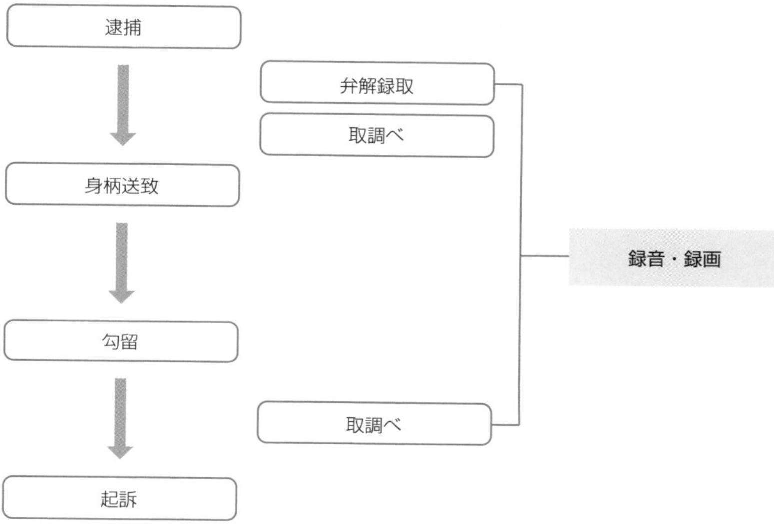

は、取調べ対象事件ではないが、録音・録画の努力義務が課されている（同罪新設の際における付帯決議）。

定義 取調べ対象事件について、録音・録画が免除される場合がある（刑訴法301条の２第４項）。

☞ ①機器の故障等、②被疑者の拒否等、記録することで被疑者が十分な供述ができないとき、③指定暴力団員による犯罪に係る事件、④被疑者やその親族等への加害のおそれ、である。

☞ 取調べ等の録音・録画をした際には、速やかに録音・録画状況報告書を作成しなければならない（犯捜規182条の４及び別記様式第18号）。

Column

自白の証拠能力・証明力

被疑者・被告人が自己の全部又は主要部分の犯罪事実を認める供述を自白という。

自白については、①証拠能力について、任意性に疑いのある自白を証拠とすることができないとするとする自白法則（憲法38条２項、刑訴法319条１項）と、②証明力について、被告人について、有罪を認定するためには、自白の他に必ず自白以外の証拠（補強証拠）を必要とするとする補強法則（憲法38条３項、刑訴法319条２項）がある。

根拠 自白法則は、供述の自由を保障する。

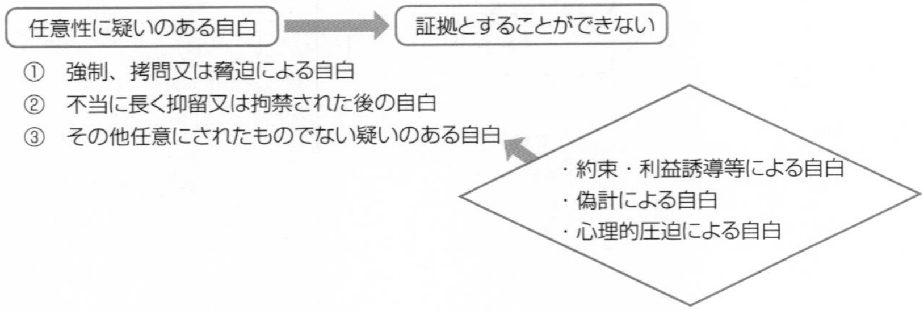

任意性に疑いのある自白
証拠とすることができない
① 強制、拷問又は脅迫による自白
② 不当に長く抑留又は拘禁された後の自白
③ その他任意にされたものでない疑いのある自白
・約束・利益誘導等による自白
・偽計による自白
・心理的圧迫による自白

根拠 補強法則は、誤判防止及び自白偏重・自白強要の防止にある。

☞ 自白を裏付ける補強証拠は、被告人が犯人であるという主体的要件及び故意・過失などの主観的要件には不要である。

2　参考人の取調べ

☞ 捜査機関は、犯罪の捜査をするについて必要があるときは、被疑者以外の者の出頭を求め、これを取り調べることができる（刑訴法223条１項）。

定義 被疑者以外の者を参考人という。

定義 被疑者以外の者には、目撃者や被害者のほか、共同被疑者や共犯関係にある者も当たる（最判昭36.2.23刑集15-2-396）。

☞ 刑訴法223条２項が同法198条１項但書を準用しているので、参考人に対する出頭要求・取調べも、任意になされることが原則である。

☞ 出頭要求についての方式に限定はないので、適宜の方法で行えばよい。参考人が、このような出頭要求に応じない場合、また、供述を拒否したような場合には、検察官は、刑訴法226条の証人尋問を請求することができる。

☞ 被疑者に対するものと異なり、参考人に対しては、供述拒否権の告知は必要ない。しかし、取調べの途中で嫌疑を生じたり、聴取内容が参考人自身の犯罪に及んだりする場合などは、供述拒否権を告知しておくことが適当である。

想定問答　**参考人再出頭時における作成済み供述調書の有効性**

Q　参考人が供述調書の読み聞かせの途中で急用があると言って帰宅して、数日後、出頭してきた場合、既に作成済みの供述調書は有効か。

A　参考人が異議を述べない限り、既に録取した調書を読み聞かせ、その事実を調書の奥書に記載して、その日の調書を作成年月日とすることができると解される。

もっとも、供述を録取した日と読み聞かせた日がかなり離れている場合や、参考人が供述した内容を忘れているような場合には、再度、供述を求めて新たな調書を作成すべきであろう。

Column

司法警察職員の作成する参考人の供述調書など被告人以外の者の供述録取書や参考人自身が作成する供述書は伝聞証拠であり、原則として、証拠とすることはできない（刑訴法320条）。

しかし、

① 供述者が死亡、精神若しくは身体の故障、所在不明又は国外にいるため公判準備又は公判期日において供述することができず（必要性）、

② その供述が犯罪事実の存否の証明に欠くことができないものであり（不可欠性）、

③ その供述が特に信用すべき情況の下になされたものであるとき（絶対的特信情況）

が認められれば、例外として証拠とすることができる（刑訴法321条１項３号）。

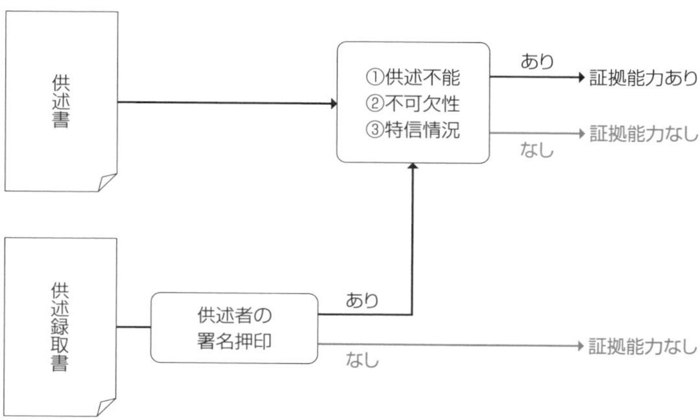

3　被告人の取調べ

☞ 捜査機関は起訴された被告人を取り調べることができる（刑訴法197条１項）。

しかし、被告人の当事者としての地位に鑑みて、捜査機関が起訴された公訴事実について被告人を取り調べるのは避けるべきである。

したがって、捜査機関が被告人を取り調べる場合としては、被告事件について起訴前の段階で予想できなかった重大な進展がみられる場合、単独犯として起訴されたところ共犯者が発覚した場合、黙秘していた被告人が起訴後「本当のことを供述したい」と申し出た場合などである。

なお、被告人は被疑者ではなく被告人として取調べを受けるのであるから、取調べ受忍義務を負うわけではない。

◆主要判例――――違法な被告人の取調べとした事例

福岡高判平19.3.19裁判所ウェブサイト

当初から自白獲得を目的として、あたかも取調べ受忍義務があるかのような内容の告知をした上で長時間にわたり被告人を取り調べたのは、本来は取調べ受忍義務のない任意の取調べの限界を超えて、実質的に取調べ受忍義務を課したに等しいもので違法である。

判例索引

事項索引

【す】

【そ】

【た】

【つ】

【て】

【と】

【な】

【に】

【は】

【ひ】

【ふ】

【へ】

【ほ】

【も】

【や】

【ゆ】

【よ】

【り】

【れ】

【ろ】

著者
安冨　潔
慶應義塾大学名誉教授・博士（法学）（慶應義塾大学）、弁護士、公認不正検査士。
1950年生まれ。慶應義塾大学法学部卒。慶應義塾大学大学院博士課程単位取得退学。
警察大学校特別捜査幹部研修所部外講師、警察庁マネー・ローンダリング対策等に関する懇談会（座長）、警察庁不正プログラム調査研究委員会委員、法務省難民審査参与員、NPO法人デジタル・フォレンジック研究会会長などを歴任。
主な著書として、『刑事訴訟法』〔第５版〕（慶應義塾大学出版会）、『刑事法実務の基礎知識　特別刑法入門１～２』（慶應義塾大学出版会）、『刑事訴訟法』〔第２版〕（三省堂）、『擬律判断ハンドブック　刑法編』〔改訂版６刷〕（東京法令出版　共著・編）、『基礎から学ぶデジタル・フォレンジック』（日科技連出版社　共著・編）などがある。

これでわかった！　捜査手続法の基礎
～実務も試験もこの１冊～

令和３年４月15日　初 版 発 行

著　者　安　冨　　潔
発行者　星　沢　卓　也
発行所　東京法令出版株式会社

112－0002　東京都文京区小石川５丁目17番３号　03(5803)3304
534－0024　大阪市都島区東野田町１丁目17番12号　06(6355)5226
062－0902　札幌市豊平区豊平２条５丁目１番27号　011(822)8811
980－0012　仙台市青葉区錦町１丁目１番10号　022(216)5871
460－0003　名古屋市中区錦１丁目６番34号　052(218)5552
730－0005　広島市中区西白島町11番９号　082(212)0888
810－0011　福岡市中央区高砂２丁目13番22号　092(533)1588
380－8688　長野市南千歳町1005番地
〔営業〕TEL 026(224)5411　FAX 026(224)5419
〔編集〕TEL 026(224)5412　FAX 026(224)5439
https://www.tokyo-horei.co.jp/

ISBN978-4-8090-1426-0